飞创业演讲

珍藏版——关键时冯仑说了什么

君越 著

文汇出版社

## 图书在版编目（CIP）数据

冯仑创业演讲精髓典藏版：关键时冯仑说了什么／君越著．—上海：文汇出版社，2014.12
　　ISBN 978-7-5496-1366-3

　　Ⅰ.①冯… Ⅱ.①君… Ⅲ.①企业管理－经验－中国 Ⅳ.①F279.23

中国版本图书馆CIP数据核字（2014）第286110号

## 冯仑创业演讲精髓典藏版：关键时冯仑说了什么

出 版 人／桂国强
作　　者／君　越
责任编辑／戴　铮
封面装帧／自然卷
出版发行／文汇出版社
　　　　　上海市威海路755号
　　　　　（邮政编码200041）
经　　销／全国新华书店
印刷装订／三河市金泰源印务有限公司
版　　次／2015年1月第1版
印　　次／2015年1月第1次印刷
开　　本／710×1000 1/16
字　　数／196千字
印　　张／16

ISBN 978-7-5496-1366-3
定　价：36.80元

# FENGLUN

他告诉你迷茫时的解决之道，他说："痛苦最终会转化为营养。"
他告诉你如何换种角度理解人生，他说："人走应该茶凉。"
他告诉你坚持自己的理想最后会看到希望，他说："理想很丰满，现实很骨感。"
他告诉你要做个有道义的人，他说："做良家妇女也是一种投资。"
他告诉你有时候不要过多地计较，他说："不争是最大的争。"
他告诉了你很多，他说："历史不会隔过任何一代人。"
他就是冯仑，万通控股董事长，一位大师级的商业领袖，
地产界称之为"学者型"的开发商，自称为"盖上了时代印戳的人"。

冯总的活法，我天天开会学习也学不会，经常请他去讲，包括营销，怎么获取好的项目，营销能力等。但各有各的优势，我是比较笨，只有勤奋去多做一些项目，才能摊薄成本。

——SOHO中国有限公司董事长 潘石屹

冯仑这个人，聪明绝顶，侠义肝肠。嬉笑色骂皆文章，百计千心成万通。

——万科企业股份有限公司董事长 王石

冯言冯语，有情有性，无忌无讳，见仁见智。

——联想创始人 柳传志

# 目录

## 前言
### 千百次的挑战，只为理想的丰满

## 第一章
### 野蛮生长：未来的格局在理想中塑造

以江湖的方式进入，以商人的方式退出。
江湖险恶，强者才能称王。

| | |
|---|---|
| ◎ 大事业往往源自一次小冲动 | 005 |
| ◎ 用明天的视角，做今天的决定 | 011 |
| ◎ 理想的大道是用牺牲铺就的 | 016 |
| ◎ "反周期"生长：别人办丧事，你就办喜事 | 021 |
| ◎ 适时妥协：一切为了理想的实现 | 026 |

## 第二章

## 另辟蹊径是最好的创业准备

每一条坦途的开始都是原野,
所有的路都是被走出来的。

- 大多数人看见的就不叫机会 033
- 算别人算不清的账,做别人做不了的事 038
- 至少转变三次,创业才可能成功 042
- 不管走哪条路,朋友都是最珍贵的财富 047

## 第三章

## 熬出来的才叫伟大,挺过来的才算坚强

真金不怕火炼,英雄不惧苦难。
正所谓"杀不死我的让我更坚强"。

- 坚持是一种难能可贵的大智慧 053
- 边熬边面对,边折腾边解决 058
- 找准方向后再迅速奔跑 063
- 笑熬江湖:撑到最后的都是赢家 068

## 第四章

### 社会充满困境，头脑必须时刻清醒

困难不会说话，不懂感情，
震慑你的其实只是不太强大的内心。

◎ 众人皆乱我独醒　　　　　　　　　　075
◎ 反省昨天，关注今天，规划明天　　　079
◎ 越是困难，越要折腾　　　　　　　　084
◎ 一切失败都因为盲目贪婪　　　　　　088
◎ 承认失败才能走出失败　　　　　　　093
◎ 别把创始人"神化"　　　　　　　　098


## 第五章

### 钱是人生中最大的挑战

天下熙熙，皆为利来；
天下攘攘，皆为利往。

◎ 钱是一面镜子，它能映照出你的心　　105
◎ 追求理想，顺便赚钱　　　　　　　　110
◎ 赚钱是种本事，花钱是项技巧　　　　116
◎ 在意钱以外的东西，才能更好地赚钱　121

## 第六章
### 在企业家的境界中从容前行

一个人的伟大从不因为他有多少权势和财富，
而是要看他是否有种能让时代为之凝固的气场。

- 伟大是来自基因的力量　　　　　　　127
- 从容是种不疾而速的境界　　　　　　132
- 思考是前进的动力和源泉　　　　　　136
- 做人讲情理，做事讲规矩　　　　　　141
- 谦卑之道：以细节感动他人　　　　　146

## 第七章
### 自我提升：以变应万变

不断改变是唯一不变的事情。

- 学习未必成功，不学必定失败　　　　153
- 汲取每本书中的营养　　　　　　　　158
- 不走权贵路，不找二大爷　　　　　　162
- 决定伟大的力量就是跟谁一起做　　　167
- 给"英雄"写信，向胜者取经　　　　172

## 第八章

## 伟大源于管好自己，而非领导别人

真正的伟大不是向千军万马发号施令，
而是不让内心衍生千军万马左右你的内心。

- 管理的秘密：看见"似是而非"的，看透"似非而是"的 179
- 管理并不是管别人，而是先管好自己 184
- 管好三个钱包：守住第一个，放大第二个，调整第三个 188
- 把自己当成千里马：巴结群众，重用自己 193

## 第九章

## 你的思路影响企业的轨迹

优秀的企业管理者首先得成为一个积极的思考者，
然后才可能变成一个合适的规矩制定者。

- 管好企业的不是制度，而是你的价值观 199
- 前面的前面才是前面 204
- 最好的约束就是一切透明 209
- 沟通＝尊重：市场都是沟通出来的 214

第十章

## 商道，剩者为王

剩下的，就是最优秀的，不然就被淘汰了。

- ◎ "剩下"就是成功     221
- ◎ 方向要多元，文化要单一化     226
- ◎ 两手端平：左手制度，右手人情     231
- ◎ 最好的制度是规范化的制度     236
- ◎ 守住客户就是守住企业     241

# 前言
## 千百次的挑战，只为理想的丰满

冯仑，万通集团控股董事长，中国房地产风云人物，被誉为"地产界的思想家"。

一个搞地产的人，何以被称为"思想家"？原来，他不仅是一位白手起家的企业家，也是一位博士级别的学者，是一名国家干部、一位大师级的领袖。冯仑不仅仅在运作房地产企业，也是房地产行业的创新者和开拓者，率先将"美国模式"引入中国，提倡地产公司由全能开发商转化为善于投资的地产商。万通昂首前行的20年，少不了冯仑守正出奇般的理念做指引，而这便是冯仑的思想力量所在。

"宁要充满挑战的人生，不要万无一失的活着"，这或许是冯仑一生经历的真实写照。1984年从中央党校毕业之后，先后在中央党校、中宣部、国家体改委、武汉市经委和海南省委任职。然而，冯仑从小就是一个喜欢向更优秀者学习的人，哪怕在工作期间，这种态度也没有发生转变。因此，冯仑放弃了在他人眼里非常安逸而富足的工作，决定转身下海，为自己的命运放手一搏。

一个有理想的人必定是一个追求伟大的人。为了"理想丰满"，他甘愿选择用熬的方式成就伟大。1991年，冯仑创立万通集团，用自己的方式，带领万通熬了20年，在这期间，他发起"新住宅运动"，为地产发展开拓新方向；拍摄电视专题片，以全新的理念带动房地产事业的发展。冯仑用实际行动将自己转化成了一个民营企业的布道者，以思考者的身份，续写商界的传奇。

改革开放的契机造就了一批商人，他们为中国的经济发展贡献了重要的力量，冯仑是其中之一。然而，这其中能用文字解读世界，用思想引领先锋的人却很少，冯仑是其中之一。他经商的同时也著书立说，布道的同时也身体力行行走天涯。他以其成功的经历加上不可比拟的个人魅力，成为了诸多创业者心中的偶像。因而人们称其为"商界的思考者"，雅称"儒商"。

作为一个从小摆弄文字，喜欢思考的商人，冯仑的话语蕴含很多哲学和人生的道理，值得深入分析，仔细回味。本书以冯仑的讲话为切入点，着重从价值观的角度分析冯仑的创业与守业历程。为了更好地对冯仑讲话的内容进行深入解读，本书还精选了很多万通的事例以及其他企业的类似案例进行对比分析，希望能从这一角度，对冯仑的思想做一个系统而全面的解读。

# 第一章
## 野蛮生长：未来的格局在理想中塑造

以江湖的方式进入，以商人的方式退出。

江湖险恶，强者才能称王。

只要你怀揣梦想，
就一定有你将要走的路，
那里是绝对不一样的成功！

## 大事业
## 往往源自一次小冲动

个人事业的开始，往往是源自想要实现内心愿景的冲动，也就是理想。

主持人：说到万通这么多年的发展历程，很多人也会把它当作一个创业家、企业家精神和民营经济发展的过程来看。比如说回顾这一段历史，很多人都会提到当年万通六君子的风华，我在您的书《野蛮生长》当中看到了很多对于这个的描写。

冯仑：因为我也见功权，也见小潘，我们最近见面还挺多，我总在讲其实最后都变成创业者的童话，它不是神话，它是童话。为什么成童话了呢？第一，当时他们都二十三四岁，就抛掉了所有，跑到那么乱的一个环境里，最后6个人认识了，开始折腾，折腾到今天，20年毫发未损，每个人都很健康，没有一个人得慢性病、得癌症、做手术，没有，毫发无损，我觉得身体都很好。第二个，企业都在，每个人还都真挣到钱了。第三，还没有卷入任何官司。更重要的是我们几次重组，大家没有伤感情,有事情我们还经常在一块儿商量,包括功权出走回来,我们也常见面,讨论下一步怎么发展。前两天刘军还发一首诗给我。过去总说做生意很难有朋友,我觉得我们都是朋友。这背后的原因我很清楚,就是我们坚持理想、追求理想,顺便赚钱。如果我们是追求金钱顺便谈理想,早就掰了。我们每次分钱都没花很多时间,总是大概算一下就完了,反正最后万通所有的历史问题都由我扛。如果当时因为钱撕破脸,今天还会见面吗?

——冯仑接受新浪财经的采访

**延伸阅读**

万通公司的成立是一个比较有趣的过程,当时一群来自天南海北的年轻人,本来互不相识,后来通过各种方式、各种渠道,成了朋友,最终大家聚到一起,干出了一番事业。虽然,最后这6个人各自独立去闯自己的事业了,但万通还在,他们的朋友关系也还在。

关于朋友共同创业的事例很多,不过少有能够修成正果的,不是因为事业没做成或做得不够大,就是最后彼此分道扬镳互不往来,有的甚至成了仇人。之所以这样,大多是因为朋友间虽然性格相近,目标却不一致。有的是为了这个目的参与创业的,有的是为了那个目的参与创业的,更多的情况是,很多人就是没事做,或者突然想做一件事了,因此才拉上几个朋友一起干一番事业。这样的创业组合,是没有太多理想的成分在里面的。

一群没有理想的人一起做事,当事业做成了,彼此有了成就理想的基础时,必然会发生分歧。冯仑他们没有发生分歧,不仅有了各自的事业，还保有彼此的情谊，靠的就是理想。万通，是几个理想青年共同创建的。

关于这点，冯仑曾经在他的书中提及，他说有一次跟王石聊天，谈到了类似的话题，后来他想了想，觉得他和几个合伙人确实是因为理想才走到一起的。

正因为都有理想，且有着相近的理想，所以万通的几个创始人虽然经常发生分歧，也有争吵，但从来没有出现过不可调和的矛盾。尤其是在利益上，从来没有人抱怨过自己拿得少、干得多。之所以这样，是因为他们不仅在为万通付出，更是在为自己的理想付出。有了这一层理想的意味，他们才拥有一种甘愿付出和让步的精神。几个愿意让步的人在一起做事，当然不会出现矛盾。

也正是因为有理想，他们才把事业做得那么大、那么好。不管是在初期的万通，还是几个人分开后各自的事业，都做得风生水起，因为他们有一股劲头在。

冯仑本身也是一个有理想的人，他做过很多演讲，提到最多的估计就是理想了，而且他还专门出了一本书，叫作《理想丰满》，教导年轻人该如何确立自己的理想、如何看待自己的理想，以及如何去实现自己的理想。

可以说，冯仑决定改变自己的生活方式，创立公司是因为理想，而获得成就，取得商业上的成绩以及著书立传，同样是因为理想。

理想，不仅是一个人的愿景，更是一个人的目标。它就像是一根鞭子，可以催人奋进，提醒人不断向前。一个有理想的人未必能够成就一番事业，但一个没有理想的人绝对无法成就一番事业。

每一个创业的人最初都有一个想法，有过些许幻想，但那是不是理想，能否引导自己走向辉煌，就需要斟酌了。重要的是，要看它是否能够给自己提供动力,如果不是,就该重新审视自己,给自己确定一个理想,让自己更好地向前发展。

## Business Develop

有些管理者觉得,理想是宏大的,却也是空泛的,能给人提供的只是坚持的毅力和前进的勇气。其实不然,理想不仅能够给人精神上的鼓舞,更能够让人在现实层面受益。在这点上,小米的创始人雷军就是一个典型。

雷军可以说是互联网业的元老了,他做过金山词霸、卓越网等,虽然都有不俗的成绩,却都没能达到他想要的效果。最终,在金山成就辉煌的时候,雷军选择了离开。他要休整自己。

在沉寂的那段时间里,雷军一直在思考将来自己要做什么事,也在思考自己到底想要做出什么成就。经过一段时间的反思,雷军终于找到了方向。他认识到,自己以前也在做事业,也有不错的成绩,可是始终没能达到自己想要的效果,不是能力不行,也不是没有机会,而是方向错了。以前他只求事业更大,却没有沿着自己理想的路走,因此,才会有很多不如意。想明白这点之后,雷军决定做一个自己理想中的公司,于是有了后来的小米。

雷军心中理想的公司其实很简单,就是做一个好产品,一个被客户真心认可、可以给他们提供方便、让他们满意的产品,同时,也是一个具有一定社会价值的产品。他自己就喜欢用这样的产品,也觉得只有做出一个这样的产品,才能给自己带来更多的满足感。

经过仔细的思考,雷军认为未来一定是移动互联网的天下,而公司一定要是全能型的,不仅是智能终端(手机硬件),还有操作系统、手机应用。

确定这一原则之后，雷军专程走访了国内的许多厂家，并调整了自己的努力方向。他一开始的设想是采取投资或者收购一家手机公司的方式来做，但考察之后，他认为："没有合适的企业，对方想做的和我要做的很不一样，改变观念是最难的事，一张白纸最好画。"因此，他决定从零开始，做一家自己想要的公司，而不是在别人的基础上去改，否则必然或多或少会有自己不如意也不愿意的地方。

就是在这样的思想指导下，雷军成立了小米，他花费很大的精力寻找有能力的合伙人，一一说服他们，按照自己的理想创立了一番事业。

管理者的精力是有限的，能力也是有限的，要让这精力和能力得到最大程度的发挥，一定要将之用在自己感兴趣的地方，依照自己的理想去做，只有这样，才有可能取得最好的成绩。就像雷军，他这个人没变，能力也跟之前一样，不过是重新调整了方向，用自己的理想指导自己的行动，最后他就成功了。这就是理想的作用，不仅可以给人精神上的支撑，更能够指引人行动的方向。

要知道，人虽然形形色色，但大家所喜欢的东西其实都差不多。很多时候，你的理想也是大家的理想。所以，遵循自己的理想去做事，如果做到自己满意了，那么其他人也基本都会满意，那个时候，就是成功的时候。就像雷军，按照自己的满意标准来打造自己的产品，最后，用户也非常喜欢。

理想之所以重要，不仅在于它给了我们一个目标，更在于它给了我们一个明确的方向，很多时候，甚至给了我们一个标准。如果按照这个标准去做，那么一定能够得到客户的认可。所谓人同此心，心同此理，就是这个意思。一件事如果做到自己完全满意了，达到了预期的理想效果，那么客户也一定会满意。在管理上，如果按照自己想要的标准去营造团队氛围，那么员工们也一定会满意这个氛围，从而让整个团队更加有效率。

　　一个真正成功的管理者,不仅是一个梦想构建者,也是一个梦想践行者,更是一个用实现自己梦想的方式为别人带来益处的人。

## 用明天的视角，做今天的决定

一个人怎么站在未来看今天、站在未来安排现在，关键就在于你怎么看未来。

记者：大家都会有一种观念觉得开发商不太热衷于做文化，但是我觉得冯总，您就出了电子相册的《风马牛》，然后又出《野蛮生长》这本书。您是怎么把一种文化的东西贯彻到您的企业当中的？

冯仑：我觉得每一个人都挺有文化的，但是这个文化表达不同，你比如说一个人的行为举止、吃饭、言行，这都是文化。但他可能带来的是地域的文化，他所受的教育都会表达出来。地产商从跟客户沟通、产品沟通发展公司经营上来说，必然也会带来他作为创办者，管理团队和员工的一个精神气质。

以万通来说，我们既是一个有20多年历史的民营企业，也是在不断竞争中的一个民营企业，还是一个目前在房地产产品竞争非常激烈的环境下的企业。

在这种情况下我们用电子媒体、用我们产品的具体形态来表达我们的价值取向，反映出我们的一些文化精神气质，我觉得这都是非常重要的，而且未来的竞争，就像人的竞争，是气质的竞争，是智慧的竞争，是看不见的地方的竞争。未来的房地产企业的竞争，也同样是一种战略的竞争价值观的竞争和精神气质的竞争。

这些东西都需要一个长期的过程来积累和养成，以及传达和最终表达为市场上认可的一种竞争能力。所以万通一贯的价值观是守正出奇，我们强调学习是进步的前阶。我们也更强调战略先导，强调公司的创新，还强调我们站在未来安排今天。

——冯仑在地产鲁商大会上接受凤凰网的采访

## 延伸阅读

冯仑是一个聪明人，也是一个前卫者，他不仅观察当今的市场，还会依靠强大的思考能力去预测未来的发展，并且能做到站在未来投资今天。所谓的站在未来投资今天，就是用未来可能出现的东西，来为今天的市场服务，也就是一种前瞻性的思维方式，当别人还在一步步循序发展，一点点做出改变的时候，冯仑已经预测出了未来，并开始构建未来了。总之，别人都是慢慢地适应着时代，而冯仑则致力于改变和创造时代。

冯仑从事的是房地产行业，在这个行业中，大多数企业都在研究人们当下的需求，然后根据这种需求制定具体的项目，从而去发展企业。但冯仑的思考不止于此，他还会想，几年后或者十几年后，人们的需求应该是什么样的？是否可以现在就用那时候人们的需求来构建产品，从而给人带来一种更强烈的冲击？

有了这种思维之后，他便不仅研究国内外房地产开发的特点，还研究趋势、研究未来。正是出于这种思维的驱使，万通投资地产的业务很早就转向了开发高档住宅小区。在当时，这是一种很前卫的做法。而事实证明，这种做法是成功的。

万通的第一个高档住宅项目是万泉新新家园，一开售就取得了很好的业绩，创造了当年北京房地产界的销售纪录，被评为当年的十大明星楼盘之首。

1999年，万通的新新家园项目成为中国第一个实施注册的高档住宅品牌。不仅取得了商业销售上的成功，也推动了房地产业的发展。很多人认为，万通的这一创新，为房地产业开辟了"第三条路"。

冯仑所以能够创造这一骄人的成绩，靠的就是那种前瞻性的思维，靠的就是能够用未来的眼光做现在的事情。在当时，人们普遍觉得，人们买房就是用来住的，因此实用性肯定放在第一位。当时的其他房产公司也确实是按照这个思路在做事。可冯仑看到了发展，他认为，随着人们生活水平的提高，人们对住宅会有更多的需求。那时候，不仅要用来住，更是寄托情感，甚至是定位身价的一个重要方面。正是因为判断出了未来的趋势，冯仑才会转型做高档住宅区的开发业务。这就是判定未来的一种方式，就是用未来的思维做现在的事，用未来的手段赚现在的钱。他把握住了时代的发展趋势，分析出了人们未来会产生的需求。

冯仑的眼光是超前的，别人卖的是房子，但冯仑卖的是价值和情感。这是社会发展，人们收入水平提高之后的趋势。这一趋势在还没有来临的时候，就被冯仑预见到了。所以，成功的是他，也只能是他。

一家企业想要长久发展，靠的不仅是当前的收入，还要符合未来的市场需要。如果没有这份未来的眼光，那么不管这个企业多大，一样会被淘汰。就好像曾经的商业巨擘诺基亚，是全球最大的手机生产商，可就是因为没有能够掌握未来，不懂得用未来的思维去做产品，而逐渐走向衰落。

管理者不仅要有管理能力，还要有强大的分析和预见能力。只有把握住未来的趋势，才能够取得今天的胜利，才能让企业持久发展。

## Business Develop

一个企业真正的价值,不仅在于满足了人们当下的需求,还在于开发出了人们未来的需求。在这一点上,做得最优秀的,无疑就是乔布斯了。

2007年1月10日,苹果公司发布了首款手机iPhone,一时间,舆论哗然,大家都对这个产品充满了好奇和惊喜。而乔布斯自然也受到了人们的热捧,他再次为一个行业重新设定游戏规则,在谈论到自己的产品时,乔布斯说:"你叫它未来的电话?我们叫它电话的未来。"

这就是乔布斯的能力,他把握住了方向,发现了未来,用未来的眼光制作了一款现在的产品。

其实,在创新的路上,乔布斯从来没有停止过。当人们还沉浸在手机给人们的沟通带来的便利上时,当全球各大手机厂商还满足于自己现有的销量时,乔布斯已经开始着手研制更优性能且使用简便的智能手机了。这就是眼光,一种立足于未来、服务于现在的眼光。

正是凭借着这份先知先觉,乔布斯、苹果才有那么大的魔力,人们喜欢他、崇拜他、热爱他。

乔布斯一路走来,创造了iTunes、iPhone等一系列产品,这些产品都可以说是划时代的,它们有一个共同点:完全颠覆原有格局,开创一个全新领域。

能做到这些,不仅是因为乔布斯有眼光,可以预测和创造未来,还因为他有胆量,敢于做出别人做不出的事情。例如在推出iPod后,苹果公司曾给予新加坡创新公司1亿美元,用以解决专利诉讼问题。在很多人眼中,这不是个小数目。但是,乔布斯并没有后悔,因为他知道,为了去探索那无尽的未知,是需要付出代价的。

很多人无法做出乔布斯的成绩，就是因为不敢承担风险，不敢付出这种代价。

做别人没有做过的事情，就一定面临着别人所不会面临的风险。这风险越大，成就也可能更大。这是一个类似赌博的过程。不过也仅仅是类似而已，其实质跟赌博有很大的差别。

冯仑做了别人没有做的事情，他成功了，乔布斯也一样。他们成功并不是靠运气好，而是因为头脑敏锐，发现了别人没有发现的未来。因此，成就未来靠的是头脑和胆气的结合。仅有头脑是不行的，虽然看出了趋势，但不敢去做，等于没有看出来；仅有胆量也是不行的，纯粹靠运气的企业必将落入深渊。

一个成功的企业家，必然是有发现未来的眼光和创造未来的魄力的。有这两者的结合，就可以做到站在未来投资今天了。这是企业生存和发展的基础。

企业中创造价值的是其中的每一个个体，但对企业影响最大的，肯定是最高层的管理者。他并不会参与到企业运营的每个环节当中去，却对企业的走向起着关键性的作用。因此，企业家的格局、眼光和魄力，就成了企业能否良好发展的决定性因素。一个有未来眼光的企业家，一定能够带领自己的企业，做到站在未来投资现在。

## 理想的大道
## 是用牺牲铺就的

有理想就意味着要牺牲，实现理想的过程，其实也是不断懂得牺牲含义的过程。

主持人：你作为"大哥"，刚才你也说到了万通遗留的问题都是你来扛，是不是相比其他人来说你要背负更多的苦闷和责任？

冯仑：不是，这个没有。其实很简单，你是头，因为我在这6个人里年龄最大。当时我也有一个选择，我也可以离开，我们是公平的，比如功权。我最后说，那就看谁在这儿更好，这件事我在这儿处理了可能更有利。我是陕西人，陕西人犟（音），弯弯愣，另外陕西人死扛的能力特别强。这是一个。还有一个，你当董事长也好，你在这儿当个头，就三件事。第一，给大家指个道，这叫指道，看个方向。第二，扛事，承担责任。这你得扛事，你不扛事怎么办？第三，牺牲。摆不平的事牺牲自己，都能摆平。就是指道、扛事、牺牲，这三件事。这三件事做好了到哪儿都能当大哥，比如你钱少拿一点、后拿一点，别人在争执的时候实在不行你自己拿出点让他们别争了，就完了。其实就这么简单。所以记得有一天我跟功权一块儿去看一个房子，功权就开玩笑，说没想到你这么能扛，真他妈不容易，说扛到这儿，你不挣到，他说一个数，说你不挣到这个数天理不容。他又开玩笑说，但是你要挣到另外一个数，他说我心里还不舒服。大家都是朋友，只有他能理解，真能扛。所以，你指道、扛事、牺牲，这6个字就是天下所有做领导、做大哥、做头的人必须做的事情。这6个字大概是你一生要做的功课。

——冯仑接受新浪财经的采访

**延伸阅读**

在很多人眼里，创业意味着将要走向成功，有理想意味着人生的升华。但在冯仑眼里并非如此，在他看来，创业更多的是折腾，理想就意味着牺牲。

在一次演讲中，冯仑提到，如果要选择创业，首先要有心理准备，这个准备就是做好牺牲的准备。

一个打工者，虽然收入可能少一些，但有很多的自由和时间，可以陪着家人，可以跟朋友去喝酒、郊游。但是，一旦走上了创业之路，这一切就都没有了，尤其是创业初期，更是不可能有半点的闲暇。

冯仑说："你得牺牲房子，钱都用到创业上了；你得牺牲稳定的生活，创业有风险，没有百分百的成功；你得牺牲跟家人相处的时间，在中国，创业初期能够像欧美的那些商人一样，那么准点地照顾家庭、照顾身边的孩子、照顾老人，基本上很难。"

他还提到，除了这些之外，还要牺牲面子，很多以前不屑于做的事情，现在要去做，很多以前不愿意接触的人，现在要去接触。比如说，你不是一个创业者，那么当看到一个讨厌的人，就可以走开，不去理他。可如果你是一个创业者，面对一个讨厌的客户，也要跟他来往、周旋，甚至要陪他喝酒聊天。如果你不这么做，就拿不到业务，就没有钱给你的员工开工资，更没有钱继续公司的运营。这些都是牺牲。

冯仑还提到了自己的一个经历。他说，有一次跟自己的母亲说，你的儿子现在除了您，谁都不敢得罪。老太太听了儿子的话之后，眼泪一下就流下来了。老太太觉得儿子在外面受了很大的委屈。事实也正是这样的，每个创业者背后都有无数的艰辛故事。如果忍受不了这份艰辛，那么也就难以看到成功了。

更重要的是，有时候还需要自己主动去牺牲，主动折腾自己。冯仑刚开始创业的时候，在地铺上整整睡了11年。这么做并不是因为条件太差，而是他要保持一颗清醒的头脑，要锻炼自己的毅力。因为这些都是创业路上必须具备的，没有这些，自己的事业就无法达成。

这就是一个创业者的心路历程，要忍受不喜欢的人和事，要能够牺牲。

当然，这些也并不是白白付出的。冯仑说，有一次他领着自己的一个债权人去他住的地方，对方看了之后，很受触动，跟他说我相信你一定会成功，因为你是一个有毅力的人，从你做的这些，我知道你没有拿着投资人的钱去挥霍，而是去努力了。这份鼓励，就是对牺牲的回报。当然，事业的成功是对牺牲更好的回报。

世上没有免费的午餐，免费的也必然是最贵的。想要得到就要付出，有一颗付出的心，必然能够收获自己想要的。

### Business Develop

在一个企业或团队中，管理者有更大的施为空间，但同时也要承担更大的责任，做出更大的牺牲。因此，一个管理者，特别是一个有理想的管理者，如果没有一定的牺牲精神，那么是很难成事的。

联想的领头人柳传志就曾经遇到过这样的情况。有一段时间，柳传志跟自己公司的合作者之间很不愉快，大家各有各的想法，谁也说服不了谁，常常是针锋相对，决策上遇到很多问题。这时候，柳传志的做法就是，牺牲。他把最好的待遇、好房子、好车都给了合作者，而自己什么也不要。他说，我只要管理人的权力，要一个决策权，其他的都可以舍弃。

这就是一种牺牲的方法，如果你要成就自己的理想，那么就必须付出常人所不愿付出的东西。只有这样，才能有更大的空间。也只有这样，才能让跟着你的人感觉你这个人可靠。

无独有偶，另一个著名的企业家王石，也有过类似的做法。

在一般人眼中，王石是万科的老总，自然是很有钱的人，可事实并非如此。在万科建立之初，王石没有选择做老板，而选择做了一个职业经理人，这就是一种牺牲。之所以要做如此的牺牲，为的是万科的稳健发展。在王石看来，如果自己做了万科的老板，那么所有的资产都是自己的，这样就难免会因为太过在意利益而盲目求大，可当了经理人就不同了，不会刻意去追求利益，这样更有利于公司的发展。最终王石成功了，万科果然成了地产业的龙头企业。

这就是牺牲精神的最好体现了。柳传志有理想，想要按照自己的意愿将联想打造成国际企业，所以他要牺牲。王石也一样，想让万科成为一家可持续发展的大公司，因此他也要牺牲。

这牺牲不是刻意做出的高姿态，而是为了成就理想必须做的妥协和退让，是一种风格，更是一种智慧。

管理者想要做成一件了不起的事是不容易的，更是无法仅靠自己能够完成的。在这个过程中，他需要别人的帮助，既然要人帮助，就必须牺牲自己的一些利益，给予团队成员一些利益的让步，只有这样团队才能更加稳固。因此，如果一个管理者觉得自己的团队有问题了，那么就应该静下心来想一想，自己是不是从团队中获取的东西太多，让别人不舒服了。这是一个领导者必须具备的气度，也是一个领导者必须拥有的智慧。牺牲不是无限度的忍让，而是一种让事情更加圆满的妥协智慧。

## "反周期"生长：
## 别人办丧事，你就办喜事

> 给自己一个生存下去的理由，也就等于给自己打了一针强心剂。

我们从整个来看，一定要有一个反周期的历史，所以万通地产从1999年以来，当大家都疯狂扩张的时候，我们一直在讲反周期。为什么反周期呢？

我们从海南出来后发现全世界公司有4种死法：第一，社会革命，政权改变，制度变革。比如1948年做了一个企业很好，1949年就一定不好；你要是萨达姆时期最好的企业，美国人把他推翻了，你的企业也就死掉了。第二，（人为或）自然灾害。"9·11"后，很多保险公司就垮了；海啸后，很多公司就会垮。第三，技术革命。当手机出现的时候，BP机就没有了；汽车出现的时候，三轮车、马车公司没有了；当有了塑料后，搪瓷下来了。第四，商业周期。商业周期不断波动会让很多企业死掉。

大部分企业都在这4种情况下会死。所以1993年后我们就在想我们怎么才能不死。社会革命，陈胜吴广来了，你也没有办法，小乱进城，大乱下乡，只有跑了。自然灾害怎么办呢？只有买保险了。美国世贸中心老板，在"9·11"前两个月买了一份恐怖主义保险，结果"9·11"炸了后，获得60亿（美元）赔付。就因为这个老爷爷买了保险公司的保险。但商业周期没有办法，在商业周期要避免死亡，只有靠智慧、经验。

1993年后，我们采取了反周期的安排，怎么样做到"别人办丧事的时候你办喜事"，"别人办喜事的时候，你居安思危，做好离婚准备"？到现在为止，在135家A股上市房地产公司当中，我们的现金状况、负债率都非常低，每股净现金流是少数正数的几家，正是因为我们采取了反周期的措施。

——摘自《给你一个活下去的理由》

## 延伸阅读

一个企业的成功，有很多因素，有外因也有内因。所谓外因就是环境，如果在一个相对好的环境当中，那么成功就会容易很多；可是如果环境不好，比如前几年的金融危机，那么企业就会面临很多危险。内因就是一个企业的竞争力，比如专业性，比如团队凝聚力等。很多时候，外因是不可控的，不能随着我们的意志而转移，但内因往往是可以控制的，一个企业的竞争力有多强，很多时候跟它的领导者是大有关系的。

冯仑一直认为，作为一个管理者，一定要有开阔的眼界，要能看到别人看不到的东西，不仅要经营企业，更要对企业有一个清晰的定位，有一个明了的规划，还要对市场有清醒的认识。总之一句话，作为一个管理者，要给公司一个活下去的理由。

给公司一个活下去的理由，就是要看清形势，知道哪些做法是对公司有益的，哪些是不利的。就像冯仑所说，商业是有周期的，几年市场特别好，然后有一个低谷，之后再次上升。这样就要对公司有一个清醒的认识。不仅要扩张规模，同时还要懂得掌控风险，如果市场好的时候什么也不顾，只管大肆扩张，那么一旦市场走入低谷就会出问题。

20世纪90年代初期，万通的主要业务范围是海南。当时海南的房地产刚刚起步，存在很大的泡沫，只要能买到地，成功建设完项目就能赚钱。在这种情况下，很多公司都大肆扩张，见地就买。结果没过多久，房产泡沫破裂，那些盲目发展的公司就马上陷入了困境，难以为继了。

而这时候，万通却没有受到影响，不仅活着，而且还在继续发展。他们之所以能够做到这点，就是因为在别人都疯狂的时候，他们很冷静。他们也在不停地买地，但是在决定买某一块地之前会有一个分析和评估，要看看这块地位置是否足够好，是否有很好的发展前景，而不是像有些公司那样，只要是地，就会买下来。万通的这种做法，减少了很多的风险，在市场转入低谷的时候，企业自然就能存活下来了。冯仑他们几个人给了自己的公司一个活下去的理由，即控制风险。

这就是一个企业家的能力，他知道自己的公司缺少什么，更知道哪一方面对公司是最重要的，然后去克服缺点，建设对公司最重要的那块业务。这样一来，公司自然就有活下去的理由了。这是一个企业家的眼光，更是一个企业家的气度。有了这些，自然能够让企业更好地发展。

管理者是决定企业发展方向的，自然要有更高的站位，要能比别人更早发现商机，也要能比别人更早发现公司的问题。之后将其中最重要的解决掉，这样，公司就有了活下去的理由了。

一个企业家，不仅是公司的领路人，更是公司的设计师，他不仅要有管理者的权力，也要承担更大的责任和义务。当然，他还负责企业的成长和发展，需要给公司一个活下去的理由。

## Business Develop

企业家做每一件事都必须是有明确的目的的。只有养成这样的习惯，才能带领企业很好地前进。如果企业家做事的时候没有很强的目的性，那么在领导团队前进的时候，很可能会因为没有规划而让团队走入困境。很多时候，企业家的这种强目的性习惯，是决定企业未来走向的重要因素。

企业家的强目的性，表现在引领企业成长方面，就是专注一点，给企业一个活下去的理由。比如，冯仑给万通活下去的理由就是控制风险，在这方面，他一直控制得很好。所以当房地产泡沫破裂的时候，其他企业都因为过于求大而遭遇了重创，万通却能很好地发展。

跟冯仑的尽最大可能规避风险不一样，王石给万科活下去的理由是专业。万科一直是做普通住宅小区的，这个方向从来都没有改变过。

有一次，三九的老板赵新先想跟王石合作。他说他手里有一块地，位置很好，想要跟万科合作开发别墅。地皮钱由他出，不要万科花一分钱，等到别墅区建成了，卖掉之后，利润两家公司平分。这是一个很有诱惑力的提议，一个房产开发项目，最大的成本往往就是地皮钱，可是这个由合作伙伴承担了，那么开发公司的利润就相当可观了。

但是王石想都没想，就将这个提议回绝了，他的理由很简单，万科没做过别墅，以后也不想做别墅，在这方面不专业，因此推掉了。在王石眼里，这种繁华地段的高级别墅自己没碰过，不够专业，因此就不做。面对巨大的利润，仅仅是因为公司没有过实际经验就推掉了，宁可介绍给别人做，也不赚这笔钱，这就是王石对万科的专业性的坚持，也是他给万科活下去的理由。

每一个企业家都应该做到一点，那就是给公司一个活下去的理由，在某一个很重要的方向坚持原则。将这个方向做到极致，就成了公司独有的竞争力了。冯仑的规避风险，不盲目扩张，王石的专业性，都是这样。

  要知道，一家真正成功的公司，并不是什么都能做，什么都做过的公司。这样的公司业务范围广，但是不够精，在每个方面都是别人可以替代的，因此就缺乏独特的竞争力。只有所有力气都往一个方向使，并将之做到极致，才能让自己成为不可替代的。这份不可替代，就是公司活下去的理由。它不是某一个固定的方向，却一定要有一个这样的方向。

## 适时妥协：
## 一切为了理想的实现

成功的企业家、事业家，在走向理想的过程中，一个重要的功课就是改变自己、提升自己，特别是在一些关键地方能弥补自己的缺陷，让自己进步。

成功的企业家、事业家，在走向理想的过程中，一个重要的功课就是改变自己、提升自己，特别是在一些关键地方能弥补自己的缺陷，让自己进步，让自己能够跟整体组织、外部环境和要求一致起来。就像对待微博，我发现有些领导喜欢死扛，对微博置之不理，但也有人非常快地适应了并顺势而为。我介于二者之间，天天琢磨，天天看，就是大家说的"潜水"。这也是改变，改变完了适应，最后带领组织顺应时势，继续坚持往前走。

要想把理想变成现实，我们需要避免体制性摩擦，需要能够处理好偶然事件，需要学会妥协，最终改变自己。当你第二天醒来的时候，你会发现，理想就站在你面前向你微笑，这时你才真的成功了。

——摘自《理想不能改变，过程可以妥协》

**延伸阅读**

冯仑是一个有理想的人，也是一个始终坚持按照理想去做事的人。不过随着年纪越来越大，阅历越来越丰富，他觉得自己之前的做法或许也是有问题的。冯仑发现的问题不是不应该坚持理想，而是要学会适当地妥协。

最开始让冯仑有这个认识的是他的合伙人之一王功权。冯仑曾说，王功权经常批评他，说他总是强制别人按照自己的理想去做事，可是万一他的这个理想是错误的，那么岂不是所有人都跟着付出了吗？冯仑反思了这件事，最后觉得，王功权的话是有道理的，自己有理想没错，但不能绑架他人也跟着自己的理想去做事。有了这番反思之后，他认为企业家要有理想，这是将企业做大的必要因素，但不能总是强迫别人跟着自己的理想走，有时候也是需要变通和妥协的。如果浓缩成一句话就是，理想不能变，但过程中可以妥协。

中城投资是中国规模最大，运行最好的房地产基金，是由众多房地产人共同开发出来的，冯仑和王石等都是这个基金的管理人。在中城投资最开始建立的时候，资金只有 8000 万，不过很多成员有大理想，觉得合作者都是房地产业的大佬，那么就应该有大气势，将之做成中国最牛的房地产基金，如果不能达到这个目标就不做。这时候，王石说了一句话，他说现实不是理想，我们要做的是先将基金建立起来，然后慢慢做大，一点点往前走。王石的这个说法显然跟众人的理想是不一致的，太过保守了。如果按照冯仑年轻时的性格，肯定不会同意，他会觉得这跟自己的理想不符。可是那次冯仑并没有反对，反而支持王石的做法。最终，他们靠 8000 万注册了互助式基金，之后一点点做大，终于成了国内最大的房地产基金。

在说到这件事的时候，冯仑表示，这就是一个理想不变但过程中可以妥协的事例。如果单纯按照理想来行事，那么基金建立的时候就应该是大动作，有大规划，有大笔资金，否则的话宁可不做。但是显然当时没有这个条件，不仅是资金方面不足，经验等也都不足。这时候就要学会妥协，让自己的步子慢下来，将理想装在心中，一点点朝着理想中的样子去努力。在这个过程中，目标是不变的，只不过选择了另一条路而已。这就是为了理想在妥协。如果目标变了，看着手里的钱不够建成国内最大的基金，于是放弃了想法，内心里觉得随便应付一下就好，那么肯定就不会有最后的成功了。

一个管理者要有自己的理想，也要为自己的团队构建理想。不过管理者必须要明白，个人有理想或为团队构建理想并不是最终的目的，实现这些才是最终的目的。如果理想没有实现的可能，那么就只能是空想了。构建完可以实现的理想之后，就是如何去做了。首先，坚持是必须的，但如何坚持也很重要。很多人不仅头脑中有理想，行动中也是理想化的，他们的准则是如果不是最好，那么宁可不做。这就有问题了，实现理想必然是一个漫长的过程，如果一下子就能实现，那就不叫理想，只能是一个短期的目标。而这个漫长的过程就是准备一个个条件的过程，当所有条件都具备了，理想自然就实现了。如果想要在第一时间就具备所有的条件肯定是不现实的，如果缺乏其中的某一个条件就放弃不做，理想也注定是不能实现的。追求理想，就需要不断地妥协。这妥协的过程，就是一个人成熟的过程，就是一个企业成长的过程。

## Business Develop

有人曾说，联想有今天，是因为忍耐了很多常人无法忍耐的东西，背了许多本不属于它的黑锅。但柳传志扛了下来，他发展了企业，也成就了自己。

与同时代创业的许多企业家不同，柳传志身上有很多变通的因子，他的骨子里是有着理想化情结的，是非分明、正直、有原则，但在具体做事的时候，他又是一个懂得妥协的人。

柳传志曾经说过："为了实现某个目标，有时候可以妥协。但要记住，目标本身不能变，这一点是要坚持的。"归结为一句话，就是妥协不过是一种手段，而不是目的本身。

柳传志是有大理想的，他不仅想要经营好自己的企业，赢得更多利润，更是想要做到国际知名，打入国际市场。正因为这点，柳传志带领联想收购了IBM的笔记本业务。而在这个过程中，柳传志也是做了很多妥协的。

首先是文化上，两个公司合并之后肯定要有统一的文化，不过在这点上，联想做了一些妥协。他们规定，如果IBM那边不能忍受某些联想的原有规定，那么可以商量。其次是员工的待遇方面。IBM是国际大公司，员工待遇也很好，IBM员工的待遇要比联想员工高很多。两家公司合并为一家之后，一定要有统一的制度，也应该有统一的待遇。可是联想考虑到IBM原本团队的凝聚力和效率问题，决定维持他们的原有薪资水平，并规定在3年内不改变。

每个管理者都知道，员工之间是有攀比心理的，所谓不患寡而患不均，如果公司内部某些员工的待遇整体比别人高，那么一定会引来不满。可是，联想面临的情况是IBM员工的待遇本来很高，现在降低了一定会不满，因此他们维持了IBM团队之前的高标准，让新来的同事能有工作热情。但是本土的员工，自然就有意见了。

而这些，自然需要联想的高层去沟通和做工作。事实证明，他们做得很好。联想的员工一样保持着以前的高热情度的，并没有因为待遇有差别而闹情绪。

这些都是联想的妥协和付出。在一般人看来，这种做法是跟高明的管理方式相冲突的。其实不然。对于一个公司来说，制度很重要，统一的制度更重要。但要明白，制度存在的目的，不是为了约束人，而是为了企业能更加高效。因此，如果始终坚持以高效为目的，那么暂时的制度差异也是没有问题的，有问题的是制度始终存在差异。这就是联想的过人之处，也是柳传志等人的妥协智慧。

成功需要理想，成功需要坚持，但成功更需要学会妥协。一个管理者，承担的是整个团队，自然要比别人付出更多，偶尔的妥协不是认输，也不代表失败，只是获得成功的一种方法罢了。

# 第二章
## 另辟蹊径是最好的创业准备

每一条坦途的开始都是原野,所有的路都是被走出来的。

成功无定法，但每个人的成功都非传奇；成功没有一个固定的模式，每个人都有属于自己的方式。

## 大多数人看见的就不叫机会

通常看见是很容易的,但看明白、看穿、看透很难,很多事情常常需要从反面去看,要看到别人看不到的,这不仅是一种洞察,更是发现机会的好方式。

我想先跟大家分享一个故事,非常有意思。北大今年招收的哲学研究生当中有一个奇才,这个奇才本科之后学的是技术,在北大开了一个很小的窗口卖火车票。为什么呢?因为每年春运的时候,他发现所有的卖票点都有非常多的人在那里拥挤。说这些民工比较简单,就在窗口那里乱挤,这里不行到那里,那里不行再换一个地方。然后他开始研究全国的火车票,这个火车票是怎么卖的,哪里和哪里连的,哪一个窗口几点到几点上班,是哪一个服务人员服务。他把这些搞得非常透彻之后开始卖火车票。这个口碑传扬出去之后,大家知道找他那个地方买非常简单,一定可以买到,很方便。他自己觉得很有意思,这个生意就一直做着,今年他读了研究生,考到了哲学系,人家问他为什么考哲学系。

他说他自己觉得他就是一个哲学家,因为他每天都要回答一个问题,从哪里来,到哪里去?因为卖火车票,所有人来这里都要问这两个问题,这是哲学的终极问题。我们人类也经常要问这个问题,是从肯尼亚来到火星去,还是从阿拉斯加来,要到木星去。所以我们今天这个会议也是要回答一个问题,从哪里来,到哪里去。

——冯仑在复旦大学的演讲

**延伸阅读**

作为一个公司的管理者,很多人每天都会碰到很多事情,有大的,有小的,有重要的也有不重要的。这些形形色色的事,组成了管理者们每天的生活。不过,如果对这些事进行分析整理之后,就会发现,其中有很多是基本的,要用基本的能力去做,这些做好了,那么其他的事情也就不难做了,解决剩下的问题就只剩时间了,在决策上,已经不存在难度。

冯仑觉得,管理者就是要懂得做一些基本的事,或要培养一些基本的能力,这些解决了,那就什么都解决了。

在冯仑总结出的经验中,第一条是趋势。冯仑嘴里的趋势从某种程度上,也可以用经验来替代。不管多么厉害的企业家,总要做些自己不熟悉的事,总要面对自己不熟悉的领域。尤其是今天,社会变化速度极快,新事物层出不穷,很多公司都面临转型,这时候就更是要去做不熟悉的事情了。而在踏入不熟悉的领域的时候,首先就是要去了解,去判断,去积累经验、发现趋势。

冯仑的眼界是很大的,他的万通地产在中国做得很成功,不过他不想止步于此。冯仑一直就有去美国做房地产的想法,而事实上也确实做到了。不过在决定进军美国市场之前,冯仑是做了很多准备的。那10年间,冯仑一共去了 50 趟纽约，为的不是体验异域风情，不是见识不一样的文化，而是为了研究纽约的房地产，看他们怎么做，了解市场，学习经验。最终冯仑靠自己前期的积累，实现了自己的夙愿，在纽约做成了项目。

这就是一种依靠不停地琢磨和探索发现不熟悉领域的趋势，获得不熟悉领域的经验的过程。在这个过程中，冯仑无疑是成功的。

第二就是分析和判断。作为管理者，不仅需要决断能力，更是要有强大的分析和判断力。而分析和判断力的基础，则是逻辑能力。逻辑是可以后天培养的，比如进行数学学习，或者读一些哲学著作，这些都能提高人的逻辑能力。在这方面冯仑也是下过功夫的，他有阅读的习惯，也有阅读的爱好，并从阅读中锻炼了自己，提高了逻辑能力，也完善了自己的分析和判断力。管理者想要充实扩大团队，首先要做的就是充实和扩展自己的头脑。

第三就是直觉力了。很多人都觉得，直觉是天生的，其实不是，直觉也是可以培养的。而培养直觉的方式，就是将前两条做到最好，不断完善。当面对一个新领域的时候，如果对这个领域足够了解，知道它的起源发展，知道它都经历过什么，本身又有强大的逻辑分析能力，那么就不难通过直觉判断出这个领域的未来发展方向。掌握了这种能力，自然就能让自己的团队在该领域内良好发展了。

上述这些都是一个合格的领导者所要具备的。

总之，作为企业管理者，一定要通过充实自己，看到别人看不到的东西。只有这样才能做出别人做不出的事，生产出别人生产不出的产品。这些是一个企业发展的基石，也是企业最大的竞争力。

## Business Develop

随着科技产品的不断更新，人们的生活习惯也发生了很多变化。在几年前，是电脑的天下，不管是什么产品，只要能够跟电脑很好地结合，那么就有了很大的成功机会。但随着智能手机的出现，电脑也渐渐受到了冷落，尤其是在交友聊天方面，更是如此。很多人开始放弃在电脑上登录自己的QQ，而是长期在手机上挂着。

人们这一习惯的改变，必然会造就很多企业，也会让很多企业走向没落。关键是谁能够更早、更快地发现市场，发现用户的需求，看到别人看不到的地方。在这方面，做得最成功的，自然是腾讯的微信。

谈起微信的缘起，微信业务负责人、腾讯公司副总裁张小龙曾表示，他很早之前就注意到了国外的Kik（Kik是一款手机通讯录社交软件，可基于本地通讯录直接建立与联系人的连接，并在此基础上实现免费短信聊天、来电大头贴、个人状态同步等功能）这类应用呈现出的崛起之势，之后便向腾讯高层建议启动一个手机通讯工具类的项目。他的这个想法，得到了马化腾的认可。不久之后，腾讯就推出了微信。

微信刚出现的时候，虽然也得到了人们的认可，很快积累了大量客户，但腾讯的竞争对手们，并没有意识到这个产品的可怕之处。直到微信彻底爆发，改变了人们的很多交友聊天习惯之后，各大互联网公司才意识到，危机来临了。马云曾经在公司会议上表示，要把企鹅赶回南极去，就是针对腾讯推出微信这一举措的。不过那时候已经晚了，微信早已成了人们无法舍弃的一种聊天工具了。

这就是腾讯的成功之处，他们能在别人还没有意识到变革即将来临的时候，就发现机会，并牢牢把握。等到对手反应过来时，他们早已成功了。这就是能够看到别人看不到的东西。很多人觉得，看到别人看不到的东西是很难的一件事情，需要很强的洞察力，其实未必如此。

变革即将来到的时候，都是有预兆的。尤其是近些年，社会经历了很多次变革，由传统时代，进入了信息时代。这个时期，电脑从出现到普及，改变了人们很多的习惯。其中各大互联网公司功不可没，也获得了很多的成果。因此，当智能手机出现的时候，就应该有意识预见到，或许在手机功能上，会有一个跟电脑一样的发展过程。现在看来，似乎确实如此。这时候，机会就来了，能够意识到这点，也就是能够看到别人看不到的了。

就像微信，从某种程度上讲，不过就是手机版的QQ罢了，其功能设计跟手机的契合度，与QQ跟电脑的契合度是一样的。腾讯看到了这个机会，因此迅速抢占了市场，其他公司没有看到，自然只能看着腾讯发展壮大，而一筹莫展。

创新，有时候很简单，管理者能够看到别人看不到的就可以了。而想要做到这一点，有时候并不需要强大的预见未来的能力，通过总结过去，通过成功公司的经验，一样能得到启发，最终让自己将事业做得更好。

## 算别人算不清的账，
## 做别人做不了的事

做别人不做的事，并将之做好，就离成功不远了。

万通一直很重视创新，所以我们要加大研发力度。万通地产每年都有研发经费，每年会发布新产品。你看我们用售后回租的方式来运作工业地产，这正好符合万通"守正出奇"的核心价值观。

我们要站在未来安排今天，看别人看不见的地方，算别人算不清的账，做别人不做的事，让整个公司变成一种前瞻性、创新性、服务性的公司。"前瞻性"是要战略领先；"创新性"是产品、商业模式、发展道路不断创新；"服务性"包括物业管理、资产管理、价值管理、财富管理等。房地产业是服务业，我们要把房地产作为服务业来做，不能停留在制造业概念上。这3点是引领公司向前发展的最重要的力量。

——冯仑回答《中国地产商报》的采访

**延伸阅读**

成功就是做别人不做的事，并将之做好。万通地产股份重置之后，归到了冯仑一个人名下，他成了名副其实的万通领导者。在经过一系列的努力之后，停下来的列车再一次飞速向前运行。万通又崛起了。

冯仑一直有一个看法，那就是一个人跟什么样的人在一起做朋友，就会养成什么样的性格，一家公司跟什么样的企业合作，就会有什么样的发展。他觉得，如果跟优秀的公司合作，那么就可以学到很多东西，让自己的公司也变得更强大。而在万通的发展史上，有一个很重要的项目就是跟香港置地合作的。

项目名称是新城国际，可是，在谈判的时候出了点问题。如果按照合作方的要求来做的话，那么万通地产要付出将近8000万的中介费用。这不是一笔小数目，更重要的是，在北京所有的住宅小区项目中，从来没有哪一家在这一块上花过这么多钱。

这时候，冯仑的很多朋友都出来劝他，说他是大股东，没必要出这么多钱，这样做成本会增加，生意也不好做了。而且，对方这种狮子大开口的行为，显然有点故意黑钱的嫌疑。所以，按照大多数人的看法，这个项目不应该去做。

可是冯仑不这么认为。他觉得对方是知名的大公司，千里迢迢跑到这么远来做生意，肯定不是为了黑自己这点钱的，对方的信誉应该可靠。而且，如果换个角度想，自己从未走出去到发达地方看过，不知道人家是怎么操作的，或许在人家那里这样的做法很正常也不一定。

当时，冯仑将自己看作一个刚进城的农村小伙子，觉得自己正处于看什么都觉得太贵不划算的阶段。如果想要适应城里人的生活，做一个有眼界的人，那么就要改变自己的行事方式，该花的钱就得花。于是，冯仑毅然决定拿这笔钱，跟对方合作，做一个别人眼里的"傻瓜"。

最终证明，冯仑的决定是对的，他们跟香港置地合作的那个项目很成功，而且之后一直保持合作。冯仑曾说，跟香港置地合作的十几年间，自己改变了很多，从人家那里学到了很多东西，让自己的公司更加现代化，也更能跟国际接轨了。

成功有时很简单，就是敢去做别人不愿意做的事情。冯仑选择了这条路，不仅为公司赢得了一个好的项目，还获得了一个好的合作伙伴，更是学到了很多先进的管理和经营的经验。

## Business Develop

360杀毒软件一上市就引起了轰动，之所以如此，不是因为它的功能强大，也不是因为它在技术上做了大的创新，而是因为两个字：免费。在互联网时代，免费的东西是很多的，像邮箱、搜索等都是免费的，可是杀毒软件向来收费。而且，业界将此当成最后的堡垒。可是周鸿祎将这个堡垒从内部打破了。他这么做引起了很多同行的不满，觉得他是在扰乱市场，而且如果一家公司不赚钱的话，就注定其必将失败。因此当时很多人都不看好他。

但周鸿祎坚持免费的理念，而且，不但没有失败，反而取得了成功，360早已成了绝大多数用户的不二选择。在总结周鸿祎为什么会成功的时候，很多人都将原因归结为一点，他只是做了别人不做的事情而已。杀毒软件行业早已存在，而且有很多知名的大公司，却都被360打败了，原因就是他做了一件大家都不愿意做的事情。

无独有偶，史玉柱也做了一个免费的产品，即征途游戏。在征途之前，网络游戏都是按照在线时间收费的，可是史玉柱没有这么做，他宣布，征途不按照在线时间收费。这一决定，为征途吸引了大批的玩家。在游戏行业当中，史玉柱也跟周鸿祎一样，是一个胜利者。

在他们做免费产品的时候，很多人都是抱着怀疑的态度的，觉得这就是在赔钱。而精明的管理者却看到了别人看不到的东西，做了别人做不到的事情。他们深谙一个道理，免费的才是最贵的。

在互联网时代，只要有用户，就不愁赚钱，而免费，自然是最好的吸引用户的方式。在有了用户之后，赚钱也就不难了。周鸿祎选择了类似传统方式的用广告赚钱，史玉柱则选择了不按时间收费，但通过出售游戏道具的方式赢利。他们都是成功的。

借鉴成功企业的经验，首先要借鉴的就是他们的思路和想法，了解他们靠什么取得了成功。而周鸿祎和史玉柱的成功方式，自然就是做别人不做的事。用另一种方式讲就是，当别人都想着如何从用户身上再多赚一分钱的时候，他们的想法是，如何让用户获得更满意的使用体验，让他们自愿地拿出一分钱来。这就是做别人不做的事所能带来的好处了。

传统的思维和行为方式是我们所习惯的，但很多时候，管理者只有打破这种习惯，做别人不做或人们都认为不对，但又对人无害的事情，更容易成功。它需要的是一种反向思维的能力，要学会从另一个角度，甚至从对立的角度去思考才可以。

当一个商家将客户看成自己的对手，千方百计想从客户的钱包里将钱掏出来的时候，用反向思维的方式，给他们提供更好的体验，做别人不做的事情，自然更容易让客户花钱。站在客户的角度上想，做竞争对手不做的事情，就是成功的基础。

## 至少转变三次，创业才可能成功

每个成功公司都有一条属于自己的独特的成功之路，这是不可复制的，但如果细心观察，会发现他们走过的路径有规律可循。

一般而言，公司必须经历三次转变，才称得上成功。其一，由做项目转变为做公司。创业起步，公司架构简单，人手不足，老板必须亲力亲为，所有精力都围着项目转。但如果一味如此，不能在掘得第一桶金之后迅速转型到办公司、管理公司上来，即解决如何依靠公司的组织连续生产（项目）的问题，那就会很快被项目或简单的生产规模扩大拖死。其二，由做现在的公司转变为做未来的公司。一个公司正常组织生产经营并不难，难的是10年、20年连续不断地增长，傲视同侪，领袖群伦。这就要求公司有良好的战略和管理能力。其三，由做对股东而言有价值的公司转变为做能够改变人类生活和社会形态、创造新的商业文明的企业。所以，研究决胜未来的力量，就是寻找决定这三种转变的规律性的东西。

——摘自《决胜未来商业的四种力量》

**延伸阅读**

世上无难事，只怕有心人，在经营上也一样。一家公司从创建伊始到发展壮大，需要经历很长的时间，要参与者付出很多的心血，是一个漫长甚至有些煎熬的过程，但这其中也是有规律可循的。

按照冯仑的说法，公司的发展要经历三个过程。第一是做项目，也就是赚钱，这时候资金的积累是最重要的。第二步是做公司，这时候强调的是经营的理念，需要建立信用。第三步，就是看到未来，也就是预测和发现行业的发展趋势，用未来的思维来做现在的事情。

这个分法，对于正处在创业初期或者还没有找到正确方向的管理者是非常有用的。

其实，冯仑的创业过程，也经历过这三个阶段。万通地产刚开始成立的时候，是6个理想青年想要创立一番事业。当时他们的思维就是做项目的思维，求的是发展，是大，是赚钱。那期间，他们也确实很成功，摊子铺得很大，全国各地都有业务。可是，这种思维的弊端很快就显现出来了。大家光顾着发展，并没有很好地规避风险，最终导致公司欠债太多，虽然沿着这条路也能走下去，但是风险太大。这时候几个人做出了调整，最后有人出去单干，只留下冯仑自己经营万通地产。

遭遇过前一阶段的挫折之后，冯仑开始思考接下来的路。这时候他转变了思维，由求大变成了求稳，由追求规模变成了追求专业。那之后，冯仑开始压缩公司的业务，专攻一门。终于，在他的努力下，万通慢慢走上正轨，成了稳步发展的大公司。当然，在这个过程中，冯仑也建立了自己的商业信誉和商业人脉。这是万通发展历程的第二个阶段。

在公司站稳脚跟，不管在行业内还是在客户眼中都有了一定的信誉之后，冯仑开始着眼未来。他通过跟房地产业的其他知名企业家进行交流，并研究国外的发展模式，最终找到了自己的路，建立了高档注册住宅小区。这不仅是商业形式的创新，更是商业概念的创新，同时也让用户得到了更好的体验。这个阶段的万通，就是站在未来做现在的生意。

经历过这三个阶段之后，万通可以算是一个成功的企业，也是一个值得敬佩的企业。万通的发展过程，其实也是冯仑个人思想的转变过程。当万通由一个只追逐利益的公司成长为一个可以创造未来的公司时，冯仑也由一个想着赚钱的商业从业者，成长为一个具有前瞻性视野的企业家。

这种转变，就是从青涩到成熟的转变，也是从为自己到为社会、为他人的一个转变。只有经历了这个转变之后，公司才算是真正成功了。

很多管理者追求的都是冯仑现在所达到的境界，却苦于找不到门路。如今冯仑用自己的亲身体验给大家做了总结，也给那些迷茫的管理者提供了方向。一个管理者，可以没有创造奇迹的能力，但是参考成功者的模式，将成功者走过的路当成自己的指导，一样可以成功。

有时候，成功未必需要绝对的创造力，能够发现前人成功的秘密，沿着他们的路走下去，一样可以取得成功。等到有一定的规模之后，再建立属于自己的体系，同样是值得尊重的。

## Business Develop

如今的腾讯，是一家非常著名的公司，从某种程度上讲，甚至可以称之为伟大的公司。但在建立之初，腾讯其实并不起眼。提到腾讯，可能很多人想到的都是模仿。确实，腾讯创立之初，就是模仿国外的 QICQ，后来改名为 QQ，建立了自己的图标，才算是有了真正属于自己的东西。

在最初的阶段，腾讯走的路也是类似做项目的路。他们将别人的成功模式复制过来，将之当成自己想要做的事情，于是有了最初的发展。不过，起步于模仿的腾讯很快就终止模仿，开始了有自己特色的经营。这一阶段，腾讯走的是自己的路。当然，在这个过程中腾讯也有偶尔借鉴别人的时候，但已经不是早先的无大改变的照搬，而是只借鉴思路，融入自己的特色。由此，腾讯一点点走向成熟，开始用做企业的心态来经营。

转变思维模式之后，腾讯进行了很多的原创。微信是腾讯公司的原创产品，也可以说是一个具有划时代意义的产品，它改变了人们的生活习惯，改变了人们的交友习惯。这些，都是一家成功公司应该有的成绩。

之所以能够做到这点，就是因为腾讯一直在跟随市场思考，在不断超越自己，走创新之路。他们知道，这是走向成功必须经历的一个过程。当企业站稳了，眼睛盯的就不再是曾经的对手，而应是过去的自己。只有做到这一点，才是一个能够长久发展的公司。

在移动互联网聊天工具方面，腾讯QQ的市场占有率无疑是第一的。它跟手机实现了很好的结合，而且用户有很大的黏性，可以说，在一般人看来，腾讯已经垄断了这一块，不需要做出大的变革了。但腾讯自己看到了潜在的危机，及时开发了微信——一个更加适合移动互联网时代的沟通工具，从而奠定了自己不可撼动的地位。这就是创新，是一种将昨天的自己当作对手的竞争。这也是事业成功的最后一个阶段，在这方面做好了，自然就能保证公司的长远发展。

纵观腾讯成功的路，就是先复制别人，再寻找自己的路，之后将昨天的自己作为对手不断地超越。其实，这也是那些小公司应该走的路。一个成功的管理者，并不一定是要刚出道的时候就发出耀眼的光芒，在创业初期，借鉴前人的经验并不可耻，甚至从某种程度上说是必须经历的。重要的是，当自己的事业发展到一定规模之后，要有自己的东西，要有从经营公司的角度看问题的站位。更重要的是，要有开创和发现未来的精神。

当然，在这个过程中也需要一些技巧。要进行一系列的调研，选择那些成功的，或者有很大成功潜力的进行模仿。而不是随大流，别人怎么做自己就怎么做。这其中一定要有一个筛选的过程。如何筛选借鉴的对象，是尤其重要的。

　　不要在一开始的时候就将自己的眼光放得过高，那样并不利于成长。借鉴前人的经验，按照前人总结出来的道路前进，可以少走弯路，还有利于事业获得更快的发展。

## 不管走哪条路，朋友都是最珍贵的财富

认识的人越多，可用的资源就越多。

跨行业的第二种形式叫同学会。最近工商界的培训，特别是商学院的发展很快，培训非常多。那么各个商学院的同学会就变成了工商人士和企业领袖之间交流的最好平台，比如中欧商学院、长江商学院，纷纷开设了MBA班、EMBA班还有CEO班。我参加过长江和中欧的CEO班，在CEO班的这些同学就结成了一个同学会。长江和中欧的同学有很多是交叉的，于是我们又组织成立了华夏同学会，将近50人，每年有两次的同学会活动。这种同学会成为中国最有影响的商业领袖认真研讨商业竞争问题和公司间合作的重要形式。华夏同学会探讨的问题比所有媒体、商学院讲的都要深。比如，2007年9月份的华夏同学会讨论时，把现在所有最重要的IT企业的CEO们，如新浪的曹国伟、百度的李彦宏、腾讯的马化腾、阿里巴巴的马云叫到一起，让他们来谈IT企业的未来趋势。而在中国目前的IT商业活动中，能把这4人弄到一起是第一次，他们平时有竞争，搁在一起老撑胳膊踢腿。

——摘自《野蛮生长》

**延伸阅读**

俗话说，一个好汉三个帮，一个篱笆三个桩。一个人不管有多大的能力，仅靠自己是无法完成所有事情的，必须靠他人的帮助。换个角度，我们也可以说，朋友，或者愿意帮助你的人，其实也是你资产和能力的一部分。若是身边有一批这样的人，那么不管做什么事都不会太难。

创业初期，冯仑他们就曾体验到那种众人相帮的感觉，据他说，很快乐。万通公司刚成立的时候，几个人手里的钱并不多，大都是东挪西借来的。不过，他们的合伙人数量众多，因此加起来认识的人也必然更多，所以有很多人帮助他们，这样他们很容易就弄到了创业的资金。

在发展的最初时期，他们也是依靠着朋友的帮助做起来的。那时候，万通的摊子铺得很大，业务遍布全国各地。冯仑曾在书中说，那时候，他们一共走了13个城市，可是不管走到哪里，他们兜里都是不带钱的。到了当地之后，他们会给自己的朋友打电话，跟朋友借钱。他们的朋友也都很仗义，接到电话后，都会积极地把钱送过来。冯仑说，虽然那时候的钱都是借来的，但是心里很高兴、很满足，也很快乐。

这份快乐不仅是因为有人关心、在意自己，也是因为生意的发展。有了足够的资金自然就可以上马更多的项目，从而赚到更多的钱。可以说，万通在成立之初就能取得快速的发展，不仅是因为那时候的市场空间大、万通的合伙人经营手段高，与朋友的鼎力相助也是有关的。

冯仑一直是一个重感情的人，也是一个乐于经营感情、与朋友共事的人，因此他才能在创业的时候招来一批人一起做。生意做大之后，他也从来没有改变这一看法。冯仑人脉很广，王石、柳传志等都是他的好朋友，他从这些知名的企业家身上也学到了很多东西。

冯仑不仅喜爱交友，也热衷于组织各种活动。他参与并组织了很多论坛式的企业家聚会，将各个领域的企业家朋友组织到一起，大家一起谈论商业、管理，一起谈论未来。他说，这些聚会上的讨论，往往比媒体组织的那些活动更深刻，也更有价值。正是通过这类活动，冯仑有了更多的生意机会，冯仑也从别人那里汲取了更多的营养。

朋友，不仅在痛苦的时候可以给我们安慰，还会在我们需要帮助的时候伸出援手。一个人，如果单单有钱，未必能够创造一番事业，但要是有一帮愿意帮他的朋友，创立事业就相对容易多了。现代社会是一个高度精细化的社会，越是精细化的环境中越是需要彼此的协作和配合。这时候，朋友，这个我们了解他，他也了解我们的人，就显得更重要了。

有人说，圈子决定未来，人脉决定事业，这并非无稽之谈。有了更多的朋友，不仅可以保证自己遇到困难的时候有人帮助，还可以获得很多不同的信息来源。朋友可以帮我们出主意想办法，还能给我们带来很多不同领域的重要信息。这些都是一个管理者、一个企业经营者所必需的。有了这些资源，生意自然更容易做成。

## Business Develop

在众多科技企业中，阿里巴巴绝对是十分耀眼的一个。它不光方便了人们的生活，甚至改变了人们的生活。在阿里巴巴出现之前，人们买东西都要去商场，走很多路也未必能看到自己喜欢的。阿里巴巴出现之后，一切都不同了，坐在家里，就可以看到更为丰富繁多的商品。而且，只须轻轻一点鼠标，就能够买到自己喜欢的东西，再也不用费力地去提拉扛背了。

不过，阿里巴巴这个今天的商业帝国，在最初阶段，规模也是十分有限的。当年，马云决定创业的时候，大家并不看好，他有了做互联网的想法之后，找了 20 个朋友到家中，跟他们说了自己的想法，结果只有一个人支持他辞职创业。但这个人也不是觉得互联网有发展，他的理由不过是想要做什么就去做，省得以后后悔。虽然身边的朋友都不太支持马云的想法，但他们还是乐于帮助他的。马云就是靠着朋友的帮助，才筹集到 50 万元，开始了自己的创业生涯。

可以想象，如果马云没有足够多的朋友，没有人愿意帮他，那么即使他最后走上了创业之路，怕也要晚上一些时候，因为筹钱本身就是要花费时间的。

不仅是创业初期的马云需要依靠朋友们的帮助，企业做大了之后的牛根生也一样。蒙牛诞生之后便迅猛发展，很快成为国内知名的大企业，但这个过程也并不是一帆风顺的，在经营上也曾遇到过问题。

2008 年，蒙牛股价大跌，为了防止市值流失，被人恶意收购，牛根生向自己的同学张口借钱，以期融得更多资金，让蒙牛重新雄起。当时，很多人都向他伸出了援手，著名企业家、新东方的创始人俞敏洪第一时间就借给他 5000 万，而联想集团的领头人柳传志也在听到消息后紧急召开了董事会，最终决定借给蒙牛集团两亿的资金。牛根生的一些商学院同学也纷纷表示，如果需要，随时会打钱给他。就是靠着这些人的帮助，蒙牛重新站了起来。

不管是冯仑还是牛根生，都是非常优秀的企业家，他们有经营企业的能力，也有让企业成为行业领头羊的能力，但即使是这样的人，也是需要朋友帮助的。任何人，哪怕是天才，也无法仅凭自己的力量去创造一片天地，必然是需要帮手的，而拥有帮手也是能力的一部分。可以说，朋友就是一笔财富，我们固然不能抱着寻求帮助的目的去交朋友，但朋友确实可以在需要的时候帮助我们。一个人想要让自己的事业更加辉煌，有更广阔的空间和更大的作为，首先需要的就是一定的人脉。有了人脉，身处困境的时候，会有人雪中送炭；春风得意的时候，会有人过来锦上添花。朋友就是资本，也是一个企业家能力的体现。

# 第三章
## 熬出来的才叫伟大，挺过来的才算坚强

真金不怕火炼，英雄不惧苦难。正所谓"杀不死我的让我更坚强"。

哪怕一无所有也要永不止步，
让不可能成为可能！

## 坚持是一种
## 难能可贵的大智慧

人们常把坚持当成是一种品格，但我觉得坚持更像是一种智慧。

怎么样做别人不做的事？有理想的人首先有毅力。很多人来给我们年轻人做一些鼓励都说毅力，这个事说得挺悬乎，这件事就是死扛。谁能扛得住？宗教信徒特别能扛得住。我去年骑自行车在西藏，路上发现一个中年妇女磕头，你想多大毅力，她心里头的毅力来源于精神追求，所以她不停地磕，我看她非常热，但是她磕一会儿休息一会儿再磕。所谓毅力，扛、熬、顶住。人有坚韧不拔之志，才有坚韧不拔之力，只要你自己心里头充满这样的信念，毅力自然来了，不会觉得辛苦，你会觉得很快乐，我们叫作乐观主义，把丧事当喜事办，每天都会开心。

史玉柱出来以后，有一天我们出去玩，走到一个地方。他看到半山有一个小寺庙，寺里有个喇嘛给他一个鼓舞，每天做一点就可以成功。这个喇嘛心里头有一个庙，每天下来捡一块石头，

30多年搭起一个窝棚一样的庙。实际上我们都一样，只要心里头有这个东西，你的毅力自然就出来。

要有理想，这个理想你们每个人可以自定义，不需要我给你们定义，自定义超过金钱的价值观，环保、科技是理想，总之心里面有这个东西，才能看到方向，算好账，有毅力。

——冯仑在"企业家论坛走进清华大讲堂"活动中的演讲

**延伸阅读**

不管是个人还是集体，坚持精神都是需要的。如果对那些知名的成功企业家的人生做一个梳理，那么肯定会发现他们身上的共同点——都有坚持的品质。

万通公司曾经实施过一个项目，即从传统的房地产开发转向以客户为导向的新型服务方式。这个项目是冯仑个人提出的，也是他负责策划的。不过，在推出来之后，连续3年，这个项目一分钱也没赚到。而且，也没有客户想要用这种服务。一时间，这个项目俨然成了公司里的累赘。而公司的大部分人都出于传统思维，觉得这个项目是失败的。

不管什么公司，上项目都是为了赢利的，求的是资本回报。可是冯仑推出的这个项目并没有做到这一点，公司投入了很多时间、金钱和人力，却没有相应的回报，甚至没有回报。因此公司上下一致反对继续进行这个项目，只有冯仑一个人在坚持着。

冯仑是一个很固执的人，他认为这个项目是有前途的，也认定自己的这个选择是正确的。因此根本不听别人的劝告，哪怕赔钱也要做，因为他坚信必然会有赢利的一天。

第一年，这个项目赔了一千万，这并不是个小数目，第二年接着赔，第三年也是。在这中间，不断有人反对，可冯仑就是不改变自己的想法，他坚信，一定能够赢利。果然，第四年，开始有利润了，这一年，这个项目的支出和收入打平了。到第五年的时候，收益增长到500%，之后一路赢利，成了公司的重大项目。这一下，万通所有人都服了，因为事实已经证明，这个项目虽然开始的时候赔钱，但现在已经成了公司效益最好的业务。

冯仑就是靠着这股劲头让公司的人佩服的，也是靠着这种坚持和洞察力带领万通快速发展的。

这世上没有百分百赚钱的事情，即使能够赚钱，往往也不是第一时间就能赚到。总是要等待的，当时机成熟了，当各种客观条件都具备了，自然就赢利了。如果没有一点坚持的精神，看到开头不好，马上就放弃或者转向了，那就永远也得不到发展。这是客观的规律，一个好的管理者，要做的是培养一点坚持精神，顺从这客观规律，而不是想着螳臂当车，想要去改变这种规律，更不要惧怕这种规律。

坚持不仅是一种品质，更是一种智慧。企业跟人生一样，是一次长跑，比的不是速度，而是耐力。在整个过程中，起跑速度再快也没有用，如果没有足够的耐力，早晚有被超越的一天。

做企业，拼的就是这份耐力，坚持到最后的必然是赢家。很多时候，跟竞争对手相比不需要比他规模大，比他发展速度快，只需要比他活得久，就能赢得整个市场。而想要让企业活得久，坚持是唯一的途径。

### Business Develop

成功有时候很简单，比别人多付出一些，比别人多坚持几年就好了。

在这方面，小米的创始人雷军是有很多感触的。

雷军是互联网行业的元老级人物了。最初的时候雷军做的是金山软件。在那里，雷军自己开发了金山词霸。这个产品很有名气，但要说非常成功怕也不太准确，不过雷军在那里还是坚持了很多年的。直到最后，金山软件上市了，雷军选择了退出。在提到这一段经历时，他自己说，那是一段苦旅，不过他熬过来了。虽然熬了过来，但也给他造成了很大的负担，感觉整个人都累了。于是上市成功之后，他就辞去了所有的职务。想法只有一个，休息一段时间。

雷军做的第二件事，就是创办卓越网。不过这个时机选得不对。卓越网面世的时候，正是互联网泡沫破灭的时期，因此，虽然有些成绩，但最后还是失败了。最终在2004年的时候，雷军将卓越网卖给了亚马逊，成为现在的卓越亚马逊。

虽然有过两次不太如意的创业经历，但雷军并没有彻底放弃创业。在休整了几年之后，他又开始了新动作。雷军创建了小米手机，这次他是成功的。

雷军所以有今天的成就，自然跟他的坚持是分不开的。失败并不可怕，怕的是对自己失去信心，不敢再继续往前走。只要有前进的动力，那么不管多么大的苦难都是可以克服的。这个克服困难的过程，就是坚持的过程，也是一个成长的过程。有了这份坚持和成长，那么还有什么事情是做不到的呢？

在创业的路上，很多人失败了，其实他们不是败给了市场而是败给了自己。在面对困难的时候，他们没有足够的信心，因此不能给自己提供坚持的动力，从而放弃。不管多么苦，只要没有放弃就还有机会，一旦放弃了，那么即使市场回暖，一样不再有成功的机会了。

给自己一点希望，帮自己打打气，多坚持一下，自然会有不一样的风景。

马云曾经说过一句话："今天很残酷，明天更残酷，后天很美好，但大多数人都死在了明天晚上。"这就是坚持的意义了，如果懂得坚持，那么一定能迎来曙光。可惜的是，很多人都死在了曙光将要出现之前的那段绝对黑暗当中。这是得不偿失的。

## 边熬边面对，
## 边折腾边解决

"熬"是直面问题，"折腾"是为了解决问题。

伟大和折腾，我总提到这两个词。有些人质疑，一方面我说"伟大是熬出来的"，另一方面又说自己在工作中喜欢"折腾"，一个是比较主动的概念，一个是比较被动的概念，感觉有些冲突。

折腾跟熬，确实前者是主动去做，后者是被动去挨，但其实这两者并不冲突，而是两个角度上的问题。

折腾，我们翻译成书面语言叫奋斗，这是追求；熬，是在奋斗过程中遇到一些曲折的时候必须采取的人生态度，用"熬"这个字，更形象、强化地表达了内心的一种纠结，被迫无奈这样一种复杂的状态。

在奋斗中遇到挫折必须熬。为什么要熬呢？人生有时候前进不得倒退不得，就待在那儿。比如在你遇到特别纠结困难的时候，像还不起钱，别人就来要账，出什么招的都有，比如说带着孕妇来，吐在你那折腾你，你必须得熬。但是你要告诉他们你肯定会还钱的决心。我们遇到那样的阶段，就总跟合作伙伴讲，我们现在不是态度问题而是能力问题，我们是有诚意的，但是目前的确没能力。后来还有来要账的，最后到一些不是太有灯光的地方，非得要我们把个人账户给他们看，看到底是能力问题还是态度问题。像这类事情过去十几年经常遇到，我们必须要挣扎、忍耐着面对并正确地处理。

因此，"熬"是直面问题，我们不是直面惨淡的人生，而是要直面问题，我特别烦那种装孙子的状态。我总在讲，如果有一个问题，去解决它，最坏还剩半个问题，没解决完；如果躲就变成两个问题了。比如说我们欠钱，如果你躲，他们会说这个孙子跑了，又成两个问题了。

——摘自《伟大的人都是折腾出来的》

**延伸阅读**

经营企业从来都不是简单的事情，企业家不仅需要有清醒的头脑，还需要有坚韧的性格。在企业成长的过程中，有成功也有失败，有欢乐也有悲伤。很多企业的成长史，就是一部伤痛史，而企业家需要承担责任，直接站在这伤痛面前。这时候，企业家个人品格和毅力就很重要了。

在冯仑看来，困难不可怕，放弃才可怕。他根据自己这些年在商场摸爬滚打的经历，总结出了两个词，一个是折腾，一个是熬。

很多人看了之后会觉得这两者之间是矛盾的：所谓熬，在更多人看来，就是等待，是蛰伏；而折腾就是不停地弄出些花样来，这两者之间，好像是对立的。其实，在冯仑那里，它们不是对立的，而是统一的。冯仑所说的熬，指的是精神上的，也就是说，不管遇到多大的困难都不能放弃，要在内心给自己鼓劲，要有坚持下去的毅力。而折腾，则是行为上的，在遭遇困境的时候，不能放弃，但也不是坐以待毙，而是要采取各种各样的办法走出困境。总之一句话，在经营企业的过程中，尤其是遇到困难时，内心要坚定，头脑要灵活。要有坚持的毅力，也要有改变现状的手段。这才是折腾和熬的关系，它们不是对立的，一个是精神支柱，一个是应该采取的手段。

冯仑从创建万通开始，一直到现在，从来没有放弃自己的追求和理想，他一直在房地产行业坚持着。哪怕是万通陷入困境的时候，他也没有放弃，因为他明白，熬过去就是胜利。事实上他做到了，他创立公司的时候，在整个海南，有好几千家类似的公司，那时候万通排在末尾，但现在，万通已经是国内知名的大企业了。这就是坚持的结果。

同时，冯仑也没有放弃过折腾，万通从创立到现在，虽然一直坚持做房地产，但也是转变了好几次方向的。最初的时候，他们采用的是广撒网的方式，后来证明这条路走不通，结果改变方向，以住宅开发为主。后来，他们又开始从事高档小区开发。这一次次业务转型，就是一个个折腾的过程。通过这些折腾，他们找到了适合自己的路，也找到了走向成功的路。

作为管理者，一定要明白，折腾是前进的手段，熬是坚持下去的动力。两者间不是对立的，而是统一的，一个是精神支柱，一个是经营手段。将这两者做好了，企业自然能够屹立不倒。

## Business Develop

在互联网行业，有两个绕不过去的人，他们本是朋友，后来又成了对头，他们都在互联网行业坚持了很多年，是元老级别的人物，很多后来的互联网大佬，当年都曾是他们的部下。他们创建过好多公司，但也遭遇了很多失败。不过，最后他们都成功了。这两个人，一个是前面说到的小米的雷军，另一个是360的周鸿祎。

周鸿祎是一个很能折腾的人，开始的时候，他做的是搜索，即3721。当时他做得很成功，在搜索领域方面跟百度平分天下，甚至一度领先于百度，但后来，他失败了。如今已经很少有人还记得3721了。

在百度大幅度占领了市场份额之后，周鸿祎带领自己的团队去了雅虎。在雅虎，他的业绩非常好，率先在中国把电子邮箱推广到G时代，对网易造成了很大的威胁。在那之前，网易凭借邮箱技术独步中国，相比竞争对手，是有着绝对优势的。但这一次，网易感受到了压力。周鸿祎凭借着自己的努力，迅速拿下了中国邮箱市场第二的位置，这使得除了网易和雅虎之外，其他的邮箱网站基本失去了市场份额。

尽管业绩很出色，但最终他还是没能得到自己想要的成功，最后，周鸿祎不得不再次出走……

经过了无数次的折腾之后，周鸿祎于2006年推出了"360安全卫士"，以清除流氓软件为卖点，迅速打开了市场。这一次，他让广大互联网用户彻底认识了自己。

不过，产品成功之后，麻烦也来了。由于360是以电脑卫士的身份出现的，旨在清除流氓软件，因此得罪了很多同行。第一个向周鸿祎发难的就是他的老东家雅虎中国，双方唇枪舌剑，一时间成了网络热点。而这边战争还没有结束，那边马云又向周鸿祎发难，结果战局越来越乱。当然，像这种口水战肯定是无法分出胜负的，最终也只能是不了了之。而周鸿祎面对的责难才刚刚开始，好在他本身就是一个爱折腾的人，因此对他来说也并无大的妨碍。

从那之后，周鸿祎就没有停止过折腾，不断在跟别人打口水战，先是跟金山，后来是腾讯……

总之，周鸿祎的创业史，就是一部折腾史，但在不停的折腾当中，他不但没有倒下，反而越战越勇，公司越做越强。当然，在这不停的折腾中，他也有坚持，那就是一直在做互联网。在互联网界，他是一个熬了无数年的人物；在具体的经营上，他则是一个不断折腾的人。

我们不想评论周鸿祎跟其他人的口水战中，到底哪一方占理，哪一方理亏。我们要说的是周鸿祎这种打不倒的性格，做企业，靠的是市场，是客户，但归根结底，靠的是管理者。作为管理者，最重要的就是坚强，有创新意识。而这些，靠的就是折腾。在遭遇困难的时候，为自己折腾出一条路；在步入辉煌的时候，为自己折腾出一个未来。

这不仅要有一种强大的进取性格，更要有一定的经验。首先，管理者要培养自己的危机意识，有了危机意识，才能有折腾的意识。因为危机意识会让人不满足，想要前进。其次要有眼光，折腾不是胡闹，是有目的的，是为了让自己更强，如果仅仅是为了折腾而折腾，那么离失败也就不远了。第三是要有韧劲，不怕吃苦。很多人都喜欢安逸，安逸确实可以给人好的体验，但也会让人丧失机会。只有不怕吃苦，敢于挑战、勇于折腾的人，才能拥有更多的机会。

## 找准方向后再迅速奔跑

> 找准道路，之后快速奔跑是发展企业的关键。

万通是一群立志推动中国现代化事业的青年知识分子献身事业的大舞台。将近3年的时间，我们不仅抓住了海南经济起飞的机遇，迅速完成了原始积累，更重要的是建立了坚实的合作的思想基础和利益基础，比较顺利地解决了"三关"（排座次、分金银、论荣辱）的难题。

万通最值得珍视的东西，不是已赚到手的利润，而是"毋忘在莒"的座右铭；是承认我们这群有缺点、没经验的人的合作是一个历史过程；是必须"走过历史"，采取事缓则圆的工作方法，努力完成由"梁山泊"到"独联体"（独立法人联合体）再到现代企业制度、同时使自己由"绿林好汉"，变成现代企业家的韧性追求；是坚信企业竞争归根结底是人的竞争，而人的竞争最终是人的学习能力的竞争，因而将学习看作企业成败的关键的反省与学习精神；以及结合中国特殊国情特别是体制转型期而制定的一系列经营方针与策略等。这些已逐渐形成万通的企业文化。我们看到，它的价值和生命力远远超出公司的经营范围，将日益显现出更宽广更强大的辐射力。万通事业的成功最终将是万通企业文化的成功。国家要有主义，公司也应当有灵魂，这灵魂就是我们所说的企业文化。热爱万通的过去，追求万通的未来，就必须坚信万通的理想追求和企业文化。这是指引我们走向胜利的方向，我们要坚持。

——摘自《向着胜利的方向迅速跑》

**延伸阅读**

如何经营公司很重要，为公司寻找正确的方向更重要。这是冯仑给创业者的忠告，也是他自己的经验之谈。一个管理者要懂得为公司寻找正确的方向，然后打造团队的凝聚力，朝着正确的方向迅速跑。

这里所说的正确方向，并不只是公司的经营方向，还有管理、企业文化建构等方面。万通是几个朋友合伙开办的公司，这样的公司在完成原始积累的过程中是有优势的，因为合伙人之间彼此了解，有很多共同点，而且彼此信任，沟通成本低。一般的企业在完成原始积累之后就容易出问题了，会出现有人觉得利益分配不均等矛盾。但万通却没有这方面的问题，因为冯仑一开始就给万通定了基调，制度为王。这就是一条正确的路。

在万通成立的时候，冯仑就主张实行董事会制度，这在当时是一种前瞻性的做法，也是一条正确的路。正是因为选择了这条正确的路，万通才没有像绝大多数合伙人公司那样，做到最后不仅公司经营出现了问题，合伙人之间也做不成朋友了。

冯仑独自经营万通之后，也同样在为公司的未来发展方向思考着。他一改之前的做法，强调专业化，只盯着房地产中的一小块，立志做到专业，这也就是给万通未来确定的路。事实证明，这个方向也是正确的，而且他也确实带着自己的员工快速前进着。

随着社会的发展，生活水平的提高，人们的生活理念也发生了改变。这时候，冯仑再一次为万通找到了正确的路，转向开发高档住宅区，贩卖新的居住理念。这一次选择的道路，依然是成功的。

这就是冯仑的能力，他总是能在关键时刻帮助公司找到正确的路，然后带领自己的团队，沿着这条路快速前进。这是一个管理者应该有的能力，也是一个管理者要努力的方向。

对于一个公司来说，管理者就像是船长，他不仅要管理别人，更是要对公司的各种行为负责，同时也要为公司指引方向。而想要做好这些，首先自己要有宏大的视野和更高的站位，能在纷繁复杂、变化迅速的市场环境中，准确定位自己，找到公司的位置以及应该走的方向。这些，都是管理者应该具备的基本能力，也是一个成功的管理者应该具有的素质。

有人说，在错误的道路上就算奔跑也没有用，反而会因为速度快而提前走入歧途。不仅人生如此，经营企业更是如此。而管理者就是那个寻找路的人，他需要引领方向，更需要给员工鼓劲。总之，一个管理者要学会带领自己的团队在正确的路上狂奔。

## Business Develop

联想最初成立的时候做的是技术服务和贸易。最初的时候，柳传志和几个合伙人的主要业务就是帮别人检查和装配电子计算机，并靠这些赚到了联想的第一桶金。虽然做这些很赚钱，但并不是柳传志想要的。他觉得，要想将联想做大，就必须要有自己的东西。这也是他的梦想，做一个有为的企业家，而不是一个帮人装配电脑的小企业老板。

不久之后，柳传志将目光盯在汉卡上，他觉得这是一个发展方向，于是开始大力推广。后来经过不断的测试、调整和创新，联想汉卡很快就占领了市场。在别人眼里，此时的联想已经走上正轨，可以快速发展了。不过柳传志并不这么认为，他还是觉得，自己现在选择的路虽然可行，但不是最好的。

果然，没多久，中关村的兴起让行业竞争达到了白热化。而柳传志也认识到，做汉卡或许可以赚钱，但并不能让企业持久发展，更重要的是，这样做下去，出不来成功的企业。

这时候，柳传志又开始寻找公司的新发展方向了。经过对市场的考察和判断，柳传志最后认为，在未来的世界里，微型计算机尤其是便携式的微型计算机必然会有大市场。这便是柳传志为联想找到的路。

确定了发展路线之后，就是埋头去做了。当时，国内电脑市场还比较落后，没有强大的自主研发和生产能力。于是柳传志将目光投向了海外，跟有技术条件的公司合作，自己研发便携式微型计算机，即笔记本电脑。终于，联想从一家代理公司变成了一家制造型企业。

柳传志的决定是对的，靠着笔记本业务，联想不断发展、不断进步，最后还收购了IBM公司的PC机业务。今天的联想，已经是一个国际知名的大公司了，也是一家值得别人尊重的公司。他们有今天的成绩，靠的自然是柳传志为公司确定的路线，一条正确的路。

一个管理者，尤其是成功的管理者，一定是有着强大的判断力和前瞻目光的。他要能看到未来的发展趋势，更要有决断力，判定趋势之后大胆尝试和变革，第一时间沿着那条路去走。如果只有前瞻目光却没有决断力，不够果断，那也是不行的。社会上很多人说话的时候很有气派，总是跟别人说某某东西出现之前他就预测到了。实际上这是没有用的，只有做到了才是真正的能力。预见到了,却不敢去做,一样成就不了事业。

这就是对管理者的要求了。要有准确而又敏锐的目光,更要有强大的决断能力。有了这些,自然就能为自己的公司确定正确的路线,然后带领自己的团队在这条路上大步前进。对一个企业来说,发展方向是重中之重,而这最重要的工作必然要管理者来做。

## 笑熬江湖：
## 撑到最后的都是赢家

很多人失败了，不是因为能力不行，也不是因为运气不济，而是因为没能坚持住，很多时候，熬到最后的就是赢家。

我们每个人行为的选择都是有限的。正因为时间本身是一维的，所以你就必须在有限的时间里，去做一些特定的活动。但究竟怎么做才能使收益最大化呢？我们往往是自以为聪明地去想一件事，好像能做甲也能做乙，能做这件事，也能做那件事。但即便你是聪明人，由于时间有限，假定大家都只活80岁，你做10件事，你就是从小开始，每件事也只能用不到10年的工夫去做。而一个比你笨的人，可能一生就做了一件事，他就是在这事上花出多你一倍（20年）的时间，还富余出好多年呢！所以他连玩带做，一定很轻松，他实际上在这件事上面的收益会大于你每件事做10年的收获。为什么阿迪力走钢丝掉不下去，而我们走一下就可能摔死？他走钢丝这个活儿，练了20年，所以艺高人胆大，他不仅摔不下去，还能靠这挣钱。也就是说，如果专心在一件事上花时间，花到足够多，你既可能成为这件事情的主宰，又可能因此而获得收入。更重要的是，时间还绰绰有余，你还会有很多闲暇，去消费时间，做别的事情。

——摘自《玩时间于股掌中》

**延伸阅读**

人们对待时间的态度，总是很奇怪，大家都知道，时间是一维的，只有未来没有过去，它是不会给人回头的机会的，但是，我们又总是不能好好地利用时间，反而总做些让自己后悔的事情。这世间，大多数人都如此。

很多人之所以这样，正是因为自制力不够。总是想要尝试一些新鲜的东西，做一件事的时候，突然看到了一件更刺激的事情，便将注意力转移过去了；当碰到另一件更刺激的事情时，注意力就再次转移了。这样的做法，必将导致一事无成。虽然社会在变化，但促使人们成功的因素，让人走向成功的路径并没有变。我们不需要根据世界的变化，时时走在时代的前头，很多时候，只要将以前做过的事重新拾起，将之做完，就能取得成功了。这是冯仑给人的启示，也是他自身的经历。

在万通的发展史上，曾经有一段时间过得非常困难。在困难时段之前，万通做过很多的项目，像在北京怀柔的一个项目新世界商城，以及新城国际和理想世界，但都有一些问题。

那段时间，万通面临着发展的问题，需要赢利、需要赚钱。这时候，大家的想法都是要开发更多的新项目，然后通过新项目赚钱，让公司走出困境。之所以有如此想法，不过是人的惯性思维罢了。我们总是觉得已经出现的麻烦是非常让人头疼的，而对我们想要去做却没有开始做的事情则充满了期待，都觉得那必然是顺利的，是无障碍的。正因如此，才会有人遇到麻烦就逃避或者放弃，转而去做其他的事情。因为我们下意识地认为，未来必然是美好的，必然是顺利的。不过，现实一次次告诉人们，这不过是我们的下意识希望罢了，我们所期待的美好未来，一样会有麻烦。这是很多人思维的局限。

不过幸好，当时的万通没有掉进这个局限之中。虽然大家都觉得开发新项目更有诱惑力，也能给人更多的激情，但最终冯仑他们还是做出了一个重要的，也是极其正确的决定，那就是先把旧的项目做好。

决定之后，自然就是实施了，很快，万通人就将精力投入到了几个旧的项目当中，没想到，最后让万通走出困境的，正是这些当时人们都头疼，都不愿意去接着做的旧项目。

万通走出困境之后，冯仑自然也就轻松了许多。他也从这件事中总结出了很多的道理。那就是"就一件事情持续地用功按一个方向投资，在时间上不吝啬，把时间往同一个方向去追加，就能把事情和时间按量搭配好，收入才能不断提高，边际收益会越来越大"。如果说得浅显、通俗一点就是，只要持续地努力就必然能够出成绩，也就是，只要功夫深，铁杵磨成针。

一位外国学者曾经提出过一个一万小时理论。即一个人只要专注于一个领域不变，然后持续进行一万小时，那么他就会成为这个领域的专家，就能在这个领域做出骄人的成就来。这个理论，讲的也是坚持的重要性。一个企业，想要成功，需要有极强的调节和适应能力，在市场变化的时候要懂得及时转向。可是，如果企业将转向当成了常态，总是在变化，那么也是不行的，还是要有一些坚持的精神。在一件事上持续地付出，必然会有所斩获。

## Business Develop

李国庆从年轻的时候起,就一直笃信自己是个有力量影响社会的人。毕业后,他更是怀着指点江山的激情,去了国务院农村政策研究所,不过,在那里没干几年他便下海了。因为研究所的工作节奏太慢,虽然稳定,却也显得过于安逸了,那种生活不是一个年轻人想要的。

经过了几年的奋斗,1999 年,李国庆正式成立当当网。不过,开始的时候并不理想。甚至在业内,当当网也被认为是一家奇怪的公司,他们迟迟无法赢利,但又不愿意卖掉公司。这不符合大部分互联网公司的发展规律。

面对别人的质疑和猜忌,李国庆没有动摇,他觉得,自己走的路是对的,只要坚持住,一定可以成功。

2003 年时,李国庆曾与投资方闹僵,那段时间,彼此很不愉快。很多人觉得,这次他或许会放弃了,但李国庆没有,最终他们跟投资方做了一次谈判,两方都互有让步,才让当当又顺利发展了。

虽然一直保持着"全球最大的中文网上书店"称号,但直到 2009 年,也就是成立 10 年之后,当当网才跨过了全面赢利的门槛。在此之前,李国庆甚至被人戏称为"搬运工",即一个将书从一个地方搬到另一个地方的人。大家都说他们把物流做得很好,但就是不赚钱,甚至有人说,他只知道"傻干"。

但是,李国庆从没有在意过这些,他只是坚信,只要坚持住,自己总会熬出来的。在成功赢利之后,李国庆接受过一次采访。他说:"想做一个让消费者信任的网站在中国太难了,这都是要熬出来的。纯网络销售是否能够赢利,大家都很期待。去年和今年 1 月份我们都不发布赢利的消息，是害怕更多的投资商去投资潜在的竞争对手，我们没有准备好，所以没敢说。"

从这段话中，我们不仅能看到李国庆的商业智慧，更是能够看到其坚韧的毅力。他说自己的成功是熬出来的，事实也确实如此，如果没有过人的毅力，没有一味坚持，那么当当网或许早就关掉了。

当记者问起李国庆这些年有没有怀疑过对图书市场的坚持时，他回答说，从来没有自我怀疑过，只要对自己有信心，那么就一定能成功。

成功很难，在走向成功的路上，总会有这样那样的障碍，这些都是管理者不得不去面对的，它们让人灰心，让人丧气，甚至会让人绝望。但有时候，成功也很简单，只要坚持，懂得一个熬的道理就足够了。将那些障碍看成是一种考验，笑着绕过它们，就可能会迎来成功。

# 第四章
## 社会充满困境，头脑必须时刻清醒

困难不会说话，不懂感情，震慑你的其实只是不太强大的内心。

强者总是相似的,弱者总是在抱怨;强者在每一次忧患中都看到一个机会,而弱者则在每个机会都看到某种忧患。

# 众人皆乱我独醒

> 局面越乱，越是要保持头脑清醒，否则就会陷入困境。

其实，解决危机的唯一秘诀就是牺牲。每次危机都有利益权衡，不敢牺牲就没有胜利；中年男人要保持这种牺牲精神，坚持理想是唯一的心理支撑。非常感谢的是2005年去世的王鲁光，他告诉我要"守正出奇"，现在我办公室墙上还挂着这几个字。在最难熬的日子里，这4个字提醒我不要老想着弄热闹事，要控制住基本面。古话说奇正之术交相为用，一个人老是出奇，奇多了就成了邪，要以正合以奇胜。我以这样的心境看老庄，不看表面强悍的书（如《四书》《五经》），看终极强悍的书（如《老子》《庄子》）。老庄其实是很强悍的，比如欲擒故纵、为而不有。儒家大都是注重形式，没有老庄强悍。

——摘自《野蛮生长》

## 延伸阅读

冯仑是一个商人、企业家，但同时也是一个文人，他不仅有诸多文字成册成书，更是有文人那种关于人生关于世界的思索。正是这种热衷思索的精神，让冯仑有了跟其他企业家不一样的气质。冯仑思考的范围很广，不仅有商业上的还有社会和文化层面的，当然更多的是关于人生的。最可贵的是，他可以将对人生的思索应用到自己的事业上，也正因如此，他才能有如今的成就，关于牺牲精神就是其中之一。

20世纪90年代初，是房地产业的发展期，也是这个行业的疯狂期，那时候人们疯狂逐利，拼了命地想把自己的事业做大，因此采取了很多自杀式的经营方式。比如很多企业就是大范围扩张，借钱去做生意，结果往往就是规模大了，表面盈利多了，但同时负债也更多了。冯仑等人创立的万通地产也经历过这一阶段，不过他们最终停止了疯狂，止住了发展，重新回归了理性。想要做到这点，是要有一种牺牲精神的，因为牺牲的背后，就是对利益的淡漠和不在意。这不仅是一种态度，更是一种精神，它可以让人保持头脑的清醒。

有了这份清醒，自然就能将自己的事业做得更大；如果没有这份清醒，而是错判形势，那么，即使企业不走向毁灭，也要遭受重创。冯仑有这份清醒就是基于他的信条，即牺牲精神，守正出奇。

他守的正，说白了就是一种状态，让企业循序渐进，可以良好运行的状态。有了这个基础之后，碰到机遇，他就可以第一时间抓住，因为他的根基打得牢靠；而遭遇变故的时候，他也能有更多的回旋余地，因为他的良好根基，为自己赢得了更大的周转空间。这一切，都源于清醒的头脑和爱思考的心。

做企业，其实跟做人没有太大的差别，一个人，如果懂得牺牲、奉献，那么他也就有了一种舍的心态。这种心态可以让他在巨大的诱惑面前保持清醒，而清醒正是一个人成就自我的基石。企业也一样，一个企业家，如果有牺牲和奉献的精神，那么面对机会的时候，就能够保证不疯狂，他不仅能够看到其中的利益，更是能够看到其中的风险。这种风险意识，就是保障企业良性发展的最好基石。

　　管理者在春风得意的时候一定要保持头脑清醒；在遭遇挫折的时候，一定要保持顽强的斗志。得意时清醒，可以避免因自大而做出错误的决定；失意时顽强，可以保证自己还有重新再来的机会。而这一切，必然要有一定的牺牲精神作为后盾。只有有了一定的牺牲精神，才能保持一种达观的心态。当一个人抱着牺牲的态度去做事、做企业的时候，面对巨大的利益，自然不会被冲昏了头脑。保持头脑清醒，自然就有正确的决断。那些被自大冲昏头脑的人，注定会遭遇失败。

## Business Develop

　　成功的人是有能力的，但也是更容易犯错的。因为一个人一旦成功之后，就会产生一种自我崇拜的意识，会觉得自己很伟大，能够做别人之不能做。也正因如此，才导致了一种现象，那些成功者取得的成就是巨大的，但是一个曾经成功的人，所犯的错误以及失误后产生的损失也是巨大的。像一个普通人，在工作上出了点差错，往往只是同团队的人遭受些损失，而且很容易弥补。但如果一个企业家在工作中出了差错，那么遭殃的就是一个企业了，而且，往往还是难以弥补的。

　　这样，作为一个企业家或者一个成功者，就要更加小心谨慎，仔细决断。在这一点上，著名的女富豪张茵就做得很好。张茵是玖龙纸业的领头人，近年来取得了非凡的成就。不过，虽然她的公司做得很大，她却并没有产生自大的意识。

　　在2013年初的一次访谈中，谈起企业未来的发展，张茵说，自己只想要企业良性发展，并不想追求全球最大。在一般人眼里，这或许是一种没有大志向的想法，但只有真正的企业家明白，这才是经营企业的最好方式。不给自己设定目标，只是默默引领企业前进，只有这样的做法，才能让企业一步步成长，最终成为业内的标杆。如果一味去追求宏大的目标，那么难免会陷入过度追求暴利和盲目扩张的怪圈，也便无端地给企业带来了很多风险。

在发展面前，人是要有一点舍的牺牲精神和清醒的头脑的。如果过于盲目，一心盯着利益，只想着如何获得，那么迟早要出问题。

其实，张茵是有跨行业发展的能力的。她的公司前两年的时候曾做过房地产开发，而且做得还不错。在一般人眼里，房地产是一个很赚钱的行业，既然有了前期的经验积累，那么不妨进一步尝试。可是张茵没有选择这条路，她的决定是，公司开发的项目作为内部办公使用，不出售，也不做后续跟进开发。

张茵的做法，也是很多其他成功企业家的做法。他们所以能成功就是能够保持清醒，懂得一步步往前走才保险的道理。

一只水桶能装多少水是固定的，一个地基能够承受多大的建筑也是有极限的。只有在这极限内，才能获得自己想要的水，才能建成自己满意的建筑。如果让它们承受太多，那么不仅无法得到自己想要的，反而会让水桶破裂，或者建筑垮塌。

经营企业也一样，是有发展限度的。这个限度不是规模上的，而是速度上的。如果有一个合理的速度，那么企业总有一天会成长壮大，如果扩张速度过快，那么迟早会导致企业的亏损。

作为一个管理者，要对自己有一个清晰的定位，也要对自己的企业有一个清晰的定位。要有可持续发展的精神，不要想着天上掉馅饼的事，更不要被短期的利益蒙蔽了眼睛。

## 反省昨天，关注今天，规划明天

常回头看看曾经做过的事，有利于发现昨天的错误，发现今天的问题，规划明天的道路。

当第一个周年的时候我们没想到怎么来过这个生日，当时我们就商量觉得如果吃吃喝喝闹一下既花钱，而且也跟别人没有什么差别，还不如大家自己琢磨琢磨看看最近有没有什么事，花一天时间来检讨一下，后来我们就想到反省自己。我们认为一个不断自我反省、自我检讨的群体加上我们这样一个民营企业，我们用这种方式纪念周年又省钱又进步，大家也没负担，避免了很多形式上的东西。

从第一年开始我们就反省，反省完以后我们就写了一篇文章叫作《披荆斩棘共赴未来》，这是我们6个人对企业长期发展的一个期盼和原则。

——冯仑接受凤凰网采访

**延伸阅读**

曾子说:"吾日三省吾身。"一个人,懂得反省是很重要的,企业也一样。万通公司创立于20世纪90年代初,没几年,就取得了很大的成绩。随着企业的发展和壮大,公司业务覆盖面也全面地铺开了。这时候却出了问题。

1995到1996年间,万通的业务已经遍布全国,而共同创立公司的几个合伙人也是天各一方,各自负责一块业务。几个人都是做生意的能手,在各自所处的地区也都做得风生水起。但是,由于原始资金积累不够,他们在发展的同时,也遇到了资金问题,借了很多钱。不管是贷款还是借钱,总是有利息的,借贷的基数越大,所要付出的利息就越多。这时候,冯仑他们开始感觉出问题了。因为庞大的债务决定了,他们的每个项目必须保证60%以上的毛利,才能让自己赚钱。而这一毛利率是非常吓人的,注定不能持久。

认识到这一问题之后,他们开始想办法了。冯仑知道,如果继续这样扩张下去,公司虽然会铺得越来越大,但危险也临近了。如果哪一天市场出现了变动,行业整体利润下降,那么万通将难以为继。这时候,他们开始了思考。

这期间,冯仑去了一趟美国,跟他的合伙人之一王功权,反复商讨了这个问题。最后形成了一个大概的思路,宁可放弃壮大自己的机会,也要防范可能出现的危险。他从美国回来后不久,就到了万通的反省日,也就是万通成立的日子,9月13日。

万通是有着反省的传统的,他们创立之初,就将公司成立的日子定为公司的反省日,并于每年的这一天进行反思和检讨,找出过去工作中的失误和不当之处,然后将之解决掉。

这一年的反省日，对万通的影响极大。几个合伙人聚到了海南，闭门反省、认真思过，以期找到万通会欠那么多钱的根本原因。最后，他们发现，盲目扩张是一个主要的因素，但更多的是在公司创立之初，很多制度方面做得不够完备，一些事情的安排也不够合理。正是这些问题一直没有得到解决，一点点积压到现在，才导致了今天的财务危机。万通今天的危机，其实是以往问题的积累。这些问题中，有的是几个合伙人本身对市场认识不足导致的，有些是由于不够敏感，没有及时察觉市场的变化导致的。

冯仑将这些称之为一个企业的"原罪"，也就是很多企业在创立之初，由于创始人对市场和公司之后的发展没有一个清晰成熟的认识，所以在制度建设等方面会产生很多矛盾与悖论。而这些矛盾与悖论在公司发展壮大之后，便会显现出来，让公司陷入困境。而改变这一局面的最好办法，自然就是不断地反思自己、反思企业。在企业的发展当中，根据形势及市场的变化，逐步调整，将之前所做的错误的或不合适的决定逐一改掉，自然就让企业走到正确的路上了。

企业走了弯路并不可怕，可怕的是不懂得反省自己的错误和知道犯了错误后不去改正。万通的成功就是因为懂得反省，反省之后更是勇于改正。

## Business Develop

反思，是每个管理者都需要的。冯仑采取的方式是反思自己，因为那时候他们正处于创业期，自然会走很多弯路，这时候反思自己是很有必要的。这样才能找出自己的失误从而快速改正。但当企业进入稳步发展时期之后，反思也要做出相应的改变，此时不仅要反思自己，更要反思市场。眼光要适当向外，这样才能保证自己的企业更加健康地发展。

苏宁从成立之初，就面临着巨大的竞争压力，那时候，他们的对手是国美。苏宁的领头人张近东说，他们在成立的时候以及发展初期，始终都是将眼睛紧盯着国美的，从没想过像阿里巴巴、京东这类企业会成为自己的对手。

可是随着市场的变化以及人们消费方式的改变，张近东渐渐意识到，好像事情没有自己之前想象的那么简单了。不过，虽然有这个意识，但他并没有急于采取实际行动，而是在不停地反思，观察市场变化，以及寻找自己公司跟市场之间的配合度。

经过了3年的反思与观察，张近东最后认为，自己以后的对手已经不仅仅是国美电器了，而将是京东、淘宝这类的企业。意识到这点之后，他便开始了大刀阔斧的改革，从单纯的店面销售，改成店面和网络销售同时进行的方式。

为了应对电商的挑战，苏宁从组织架构、年度计划、经营策略、人员安排等方面进行了全面的调整。这些都是张近东3年反思的成果，而这一举措也确实让苏宁适应了变化。

在对公司进行了快速调整之后，就是对外跟竞争对手进行面对面的竞争了。苏宁最开始的时候，也采取了京东的方式，用打折促销来赢取一部分客户。

不过，苏宁易购的第一次打折促销并不是十分成功。虽然他们也吸引了很多的用户，但因为前期准备不足，在打折当天由于登录人数太多，服务器出现问题，很多用户无法下单，再加上京东、当当等的围剿，那一次，苏宁易购并没有取得预期的效果。

不过，张近东的反应是非常迅速的，经过这一事件之后，他又及时进行了反思和调整，增强了服务器的负荷能力，在其他方面也学习了一些先进的经验。这之后，苏宁易购取得了很大的进步，有了比之前更快的成长。

一个企业想要成功，不仅需要有很强的效率，有严格的制度，还要有很强的灵活性。张近东领导的苏宁是有灵活性的，所以他们能够迅速应对市场变化。而这份灵活性，就是来自不断的反思和对比，反思昨天的自己，对比今天的市场和竞争对手。这些都是管理者们必须面对，也必须掌握的。如果没有这个能力，那么再强大的团队，也不过是一艘慢慢行驶的轮船，一旦遭遇变故，没有及时掉头的能力，自然会有危险。

所谓居安思危，常回头看看昨天的自己是非常有必要的。看看自己那时的经营方式，看看那时跟市场的契合度，然后找出不合适的，及时做出调整，自然会让企业更好地发展。

## 越是困难，
## 越要折腾

最大的敌人往往不是困难，
而是丧失了继续做事的热情。

　　记者：您是成功的企业家，同时是一个思想者，并且在学术领域也具备相当水准，还是一个行者，穿越过战争期间的阿富汗，你的人生为什么可以如此丰富和精彩？

　　冯仑：谁都可以，只要你想。你能跳多高，你自己不知道，所以你得不停地去试跳，不断地给自己一个高度，然后去折腾。你去尝试，这是一个不断改变自己和创造未来的过程。很多人没有跳起来的原因不是竿太高，而是因为从来没试过。我觉得要创业，最重要的是大家都跳起来试试。而且，越是困难的时候，越是要跳、要折腾。

——冯仑对话大河财富论坛

**延伸阅读**

作为一个管理者、企业家，不仅要有强大的能力，还要有一份激情。

不光要做到坚韧、从容，还要有魄力，在遇到困难的时候，不但不能被打倒，反而更是要懂得折腾，要从无路的环境中找到出路。总之要爱折腾，因为对管理者来说，折腾的过程就是成长的过程。只有经历得足够多，才能积累更加丰富的经验。

冯仑就是一个爱折腾的人。他本来是一名政府公职人员，工作稳定、待遇好，也有一定的社会地位。但他并不满足于此，觉得太过平淡和单调了。于是他下海创业，招来了一帮朋友，共同成立公司，开始了商业之旅。

做生意的时候，冯仑也是能折腾的，万通刚开展业务的时候很顺利，扩张很快。但接着，几个人便发现了问题，欠债过多，于是开始变卖资产还债，然后兄弟们和平分手，冯仑自己接掌万通。这中间的一系列过程，也是折腾的过程。如果没有一颗爱折腾的心，那么万通初期不会经历那么大的波折。按照一般人的想法，沿着一条路走到黑，或者看到光明或者坠入深渊，然后结束就可以了。

接掌了万通之后，冯仑也没有闲着，他继续做房地产，不过改变了之前的方向。这也是折腾，而且这次折腾是完全成功的，让万通进入了稳定的发展期。事业稳定了，但冯仑并没有消停，他还抽空考取了一个博士学位。在一般人眼里，冯仑的这种做法是完全没有必要的，不过是瞎折腾罢了。已经是大公司的董事长了，不缺钱，也不缺名，何苦又走进校园受那些煎熬呢？

可冯仑不这么认为，他觉得自己考学位跟之前的下海、不断调整公司经营方向一样，是有益的，且从某种角度讲是必需的。在别人看来，冯仑是没事找事，但在他自己眼里，这是在充实自己，想让自己获得更高的成就。

获取学位之后，冯仑又开始做别的事情了，他开始组织商会、举办各种论坛等，俨然又成了一个社会活动家，而且还经常做慈善事业，折腾得风生水起。

冯仑做这些，都是有目的的，也是有益的。下海是为了实现自己的人生价值，不断调整公司的经营方向是为了公司更好地发展，读书是为了充实和提高自己，让自己有更高的眼界，组织商会是为了结交更多的商业伙伴，同时也从其他企业家那里获得信息和经验，而做慈善则是为了承担属于自己的责任，回报社会。冯仑做的这些，是折腾，但不是瞎折腾。他每折腾一次，都能让自己获得提高，让事业越来越好，这是一种智慧，而不是没事找事。

人生就是一个不断折腾的过程，在不断折腾中，人越来越成熟，事业越来越成功；一家成功的企业也是需要不断折腾的，通过折腾可以发现缺点，然后改正，也能看到自己的优点，之后发扬。企业家的激情，就是不断折腾，然后在折腾中展示自己、发现自己、成就自己。

## Business Develop

提起折腾，恐怕很多人第一时间想到的就是凉茶品牌加多宝。加多宝集团成立于1995年，并于同年推出红罐王老吉凉茶，推出之后不久，就获得了成功。其著名的广告语"怕上火，喝王老吉"一度被广告界奉为经典，是一个很成功的广告语。

然而，在加多宝集团的红罐"王老吉"卖得正火爆的时候，纷争出现了。广药集团声明自己是"王老吉"品牌的商标持有者，要求加多宝集团立即停止使用"王老吉"作为产品的名字。加多宝不甘心自己经营多年的品牌就这样被人抢走，因此提起了诉讼，结果输了官司，不得不停止使用"王老吉"的商标。

这一纷争，对一家企业来说，打击是致命性的。加多宝集团多年苦心经营出来的品牌，一夜间成了别人的，而他们却要失掉所有。

但加多宝并没有倒下，反而重新振作起来。他们先是高调跟广药集团打官司。法律认定是冰冷的，只看证据。在这一点上，加多宝集团显然没有优势，商标是别人先注册的，自己自然会输。但他们选择了另一条路，用打官司的方式制造话题点，以期博得人们的同情。消费者们不会管谁是真正的商标持有人，他们只相信自己看到的，即这么多年来，都是加多宝集团在经营"王老吉"品牌，也是他们将这个品牌做大的，因此，在情感上自然倾向于加多宝集团。他们赢了情感牌。

更重要的是，通过打官司制造舆论点，让所有人都知道了，现在的加多宝就是之前大家喝的王老吉。

之后便是大规模的广告轰炸，尤其是冠名浙江卫视的《中国好声音》节目，让加多宝一时间再次崛起。加多宝集团仅仅用了大半年的时间，就让民众从对凉茶品牌之争的狐疑到几乎全盘接受了加多宝这一品牌。这就是他们的过人之处，而这些靠的自然是他们的折腾：不停地打官司，不住地冠名各种优质娱乐节目，不停地制造舆论话题。

企业越是困难的时候，越是要去折腾。如果遭遇困难之后便不再作为，那么结果只有一个，死亡。可是折腾不一样，或许存在让公司快速死亡的危险，但更多的时候，往往是能靠折腾闯出一片新的天地来。

只有翻滚的沸水才能煮出浓香的咖啡，只有不断翻涌的波涛才能锻炼出出色的水手。一个管理者，想要做到最后，就要不停地折腾。要做到可以坦然面对人生和环境的折腾，更要自己没事找事主动折腾。每一次折腾，都是发现机会的好时机，也是让事业成长的好契机。

## 一切失败
## 都因为盲目贪婪

大确实是好的，但如果没有相应的能力去支撑，那么盲目求大的结果往往会导致失败。

自有资本金来源于高利贷，会造成暴利倾向，加上男人的冒险心理驱使、环境的不确定，造成赌得赢的概率不大，所以越赌越大。这就是民营企业冒险性大的原因所在。顺着这个逻辑走到极端的是德隆。我们和很多企业没赌死，就是因为中间认输，退出不赌了。1997年公司反省，充分意识到"原罪"问题以后就开始着手整合资产。当时控制的资产规模是70亿，但我们认输了，开始卖东西还钱，剩多少是多少；把所有和北京没关系的、跟房地产没关系的项目都砍掉，合伙人之间的变化也是"缩"的一部分，最后资产缩到16亿，终于让疯狂奔跑的列车停了下来。

——摘自《"原罪"是怎么炼成的》

**延伸阅读**

万通公司是由几个理想青年创建的，当时由于几个人都很年轻，没有多少个人积蓄，因此创业最开始的时候，启动资金有很大一部分都是借来的。在这之后，万通也始终没有摆脱这点。他们在不断发展的过程中，借贷了很多资金。这些资金让万通有了流通的资本，可以进入更多的行业。但其产生的利息也是不容小觑的，为了能够及时还上借贷以及借贷产生的利息，有一段时间，万通开始追逐暴利。

不过，很快冯仑等几个万通创始人就觉得这样下去不是办法，很可能会因为追逐暴利和冒险精神让企业陷入危机。于是他们开了一次很重要的反省会，发现了之前很多错误的地方。

发现错误是好的，但是如果没有整改的决心，一样无法让企业回归正路。而对于当时的万通，整改的最好方式，就是压缩规模。不管是一个人还是一个企业，由小壮大都是大家喜欢看到的，而由大到小自然是很多人所不能接受的。一个人可以很轻松地接受成功，却很难坦然面对失败。企业也一样，逐年扩大规模让人欣喜，但要收缩则是让人难受的。不过冯仑等人的过人之处就在于此。他们不仅能够面对成功，还可以坦然接受失败。在公司不断扩大的时候，他们欣喜，但面临规模收缩，他们也并不灰心丧气。

正是有了这份气度，不去刻意追求大和暴利，才让万通停止了不良的发展，最终走回正路。

当时，万通的业务几乎遍布全国，其中很多都是靠借贷来的资金上马的。如果要收缩规模，那么他们就必须放弃一些将要上马的项目，并停止一些已经上马的项目。这是一个割肉的过程。一个项目，买来的时候要花费成本，在进行过程中，要投入资金，但是如果要将之卖掉，怕就没那么值钱了，甚至连整体的投入都收不回来。因此，他们做的，其实就是一个放弃利益的过程。

好在冯仑他们完成得很好，他们砍掉了不在北京的项目，很多都是低价卖给别人的，过程中赔了很多钱。但他们知道，这是要活下去，至少是很好地活下去所必须面对的。用冯仑自己的话说就是，很多民营企业在初始发展中都类似赌博，用借来的钱，赌在项目上，如果所有的项目都赢利了，那么就算是赢了，如果有很多不赢利，就会造成大批资金坏死，就输了。很多人在参与到这种赌博当中之后，都不肯认输，因此当出现坏死资金时，他们采取的方式是去赌更大的。借贷更多的资金，投入到更大的、更暴利的项目当中去。

这样的做法，可能会因为下一个大的项目赢利而填补之前的亏空，但赌博无胜者，不管一个人有多大的能力，总有输的时候，而那时，公司也就面临倒闭和破产了。冯仑他们的过人之处就在于，及时停止了疯狂，认输退下赌桌。结果他们得到了最好的回报，虽然输了一次赌博，却赢来了公司的新生。

如果没有当时的认输，恐怕万通也走不到今天。这就是冯仑他们的智慧，懂得舍，明白贪婪求大最终得到的只能是小。

### Business Develop

在房地产行业，龙头大哥是万科。万科是一个相对稳健的公司，自从创立以来很少走错路，之所以能够如此，就是因为他们的董事长，即王石，懂得控制风险，从来不去追逐大的暴利。

万科在投资方面其实可以选择的方向很多，在一次采访中，王石曾经说，他们在很多行业都可以赚钱，像曾经做过的零售、机电等行业，他们都有不俗的表现，但最终他们还是选择了房地产。原因有两点，一是房地产行业还没有形成某一两家大公司垄断的情形，因此进入后有更多的发展空间，二是房地产行业空间比较大，能够给人更大的作为空间。

不过，在外人看来，万科所以这样做，还跟王石的个人风格有关。王石是一个企业家，却并不追逐暴利，甚至有时候将利益看得很淡。他最在意的，或者说他的个人风格，更趋向于稳健。王石知道，摊子铺得够大，业务面更广，可以让自己的公司赚更多的钱，但同时也要面临更多的风险。至少在管理上，就有一个很大的问题。如果单单做房地产行业，那么只需要网罗这一领域的人才就可以了；但如果跨行业了，那么就需要了解各个领域的状况，招徕各个领域的人才，这些领域当中，总有很赚钱但自己并不了解或不擅长的，那就容易出现问题，让公司陷入危机。对王石来说，公司的长期发展比短期赢利更重要。面对暴利的诱惑，他总是能够做出正确的选择。

不仅在投资方面如此，在具体的公司项目运作上，王石也是不追逐暴利的。20世纪90年代初期的时候，房地产行业风头正劲，属于暴利行业，各家公司都追逐暴利，然而就是在这样的大环境下，王石竟然给自己制定了一条规则，那就是盈利超过25%的项目，不做。

很多人无法理解王石的观点，认为他的做法不符合企业家追逐最大利益的特性。不过王石有自己的看法，他觉得，利益会让人昏了头脑，如果一味追逐暴利，那么总有一天会出现赌的心态，那是经营企业的大敌。

事实证明，王石的做法确实是有效的。自90年代以来，很多当年叱咤风云的房地产公司都倒闭了，但王石的万科还在，而且做到了行业龙头的地位。

万科有今天，不仅在于他们把握了市场，更在于他们把握住了自己。贪婪求大是很多人都会犯的错误，面对利益，管理者也总是很难拒绝，但是要知道，天上不会掉馅饼，靠赌的心态或许能够赚到钱，却并不能持久。一个企业最重要的是稳健，一步步往前走总有攀上高峰的时候，如果一味求快，追逐暴利，即使现在赚了，但哪怕一次失败，也会让自己陷入困境。

不管是做人还是做企业，最重要的是知足，是头脑清醒。如果懂得知足，也就能更好地控制风险，如果企业管理者头脑清醒，那么就不会出现赌徒心态，从而让企业陷入疯狂。

## 承认失败
## 才能走出失败

失败了以后不承认失败那不够男人,只要你承认失败就是更男人的。

征服外面的世界能带来快感,但也难免有遭遇失败的时候。我认为,失败了以后不承认失败那不够男人,只要你承认失败就是更男人的。我有一个特别深的体会,因为我周围很多人絮叨也有一些挫折和失败,后来我发现面对失败时,男人有两种特点:懦弱的男人总是唉声叹气,然后就出局了;勇敢的男人承认失败,往往能从失败中走出来。所以我经常讲,承认失败是男人对自己的勇敢,你对别人勇敢是拿刀砍别人,真正的勇敢是拿刀砍自己。承认失败是真正的男人,你承认失败还有机会再赢,你不承认失败或失败以后不愿意面对这个事实,实际上你已经彻底出局了。

——摘自《承认失败是男人对自己的勇敢》

**延伸阅读**

1993年，海南有18000家房地产公司，基本上每一家都是赚钱的，有人调侃说，当时甚至已经到了房地产企业老总见面打招呼时常会说"不好意思，又挣钱了"这种地步。可是任谁都知道，一个海南省是承载不了这么多房地产公司的，这里面一定有泡沫。事实确实如此，很快国家就进行了宏观调控，海南的房产泡沫破灭了。一时间，房地产公司相继倒闭，到今天，18000家剩下不到18家。

在海南房地产业最火的时候，冯仑他们还是相对冷静的，没有像其他人一样疯狂拿地，不过在一个疯狂的环境中，想要保持绝对的冷静也是非常难的。那时候，万通也存在扩张过于迅速的问题。据冯仑说，那种日进斗金，总有新项目上马的感觉很是舒服，让人有一种统领全局的感觉，会让人飘飘然。

而且，那时候的万通也确实是飘在天上的。他们的业务遍布全国，后来冯仑说，很多人都知道他们，也愿意跟他们合作。不管走到哪个城市，都会有人来接送自己。哪怕是去谈生意，也不用带钱，到地方之后，自然会有人送钱来，而且一口一个大哥地叫自己。他们之所以对冯仑这样恭维，就是觉得跟着他可以赚到钱。

海南的房产泡沫破灭之后，这一切就都变了。万通压缩了规模，变卖了很多项目用于偿还先期的贷款，最后几个兄弟分开单干。虽然合伙人之间的友谊还在，但几个人的风光已经不在了。

冯仑说，万通压缩之后，那种飘飘然的感觉就再也没有了。以前每到一个城市，都会有人车接车送，但现在只能是自己打车；以前到一个地方，就会有人请自己吃饭，一口一个大哥地称呼自己，可现在即使想请人家吃饭，叫人家大哥，都未必给面子了。所谓世态炎凉，不过如此。

对冯仑来说，这或许就是失败的滋味了。事业退步，人情冷漠。不过冯仑没有抱怨过，也没有给自己太多的借口，而是坦然接受了。他觉得，自己确实是失败了，这点别人早已看了出来，自己也应该坦然承认。

很多事情，在我们看来是难以启齿的，觉得一旦说出来，或者一旦承认就会很没面子，说明自己是个失败者，是不如人的。但其实，没有那么严重。尤其是失败。一个失败者，最可怕的不是承认自己失败，而是不承认自己失败。当面对失败的时候，自己还在心中做着成功梦是最要不得的，因为这样就导致无法正确认识形势，无法重新再来。失败的时候，重要的是坦然接受，然后立即翻过这一页，重新再来。若是在失败上纠结、耽误时间，就是放弃再次成功的机会。

冯仑是坦然的，他接受了自己前期的失败，很快就翻过了那一页，又重新来过。没多久，他重新站了起来。独自经营万通之后，冯仑做了一系列的整改，又让公司上了轨道，很快就发展了起来。

很多人觉得，判断一个人是否勇敢，要看他在危险面前如何表现。面对危险的时候，挺身而出的就是勇敢者，畏缩不前的就是懦弱者。其实不然。检验一个人是否真正勇敢的，并不是危险，而是失败。在面对失败的时候，坦然承认，之后努力再来，才是真正的勇敢者。被失败打倒，不敢承认，也不敢面对的才是真正的懦弱者。这样的人，哪怕块头再大，气势再强悍，也掩盖不住他那颗懦弱的心。

一个管理者，必须是一个勇敢的人，因为他的肩上担着整个团队的利益，有着无限的责任。这是属于管理者的担当，更是管理者的竞争力。

## Business Develop

1989 年 7 月，只有 4000 元钱的史玉柱拨通了《计算机世界》的电话，跟他们说自己要做一个价值8000元的广告。对这个广告，他只有一个要求，那就是先登广告，之后他再付钱。这，简直是在赌博。后来，成功后的史玉柱说，如果当时那个广告没有效果的话，那么自己只能是付一半的广告费，然后逃之夭夭。不过，人生没有如果，他成功了，两个月后，史玉柱赚到了10万元。他没有用这笔钱买设备、找人才，而是全部投进了广告。4个月后，他成了一个年轻的百万富翁，并创建了巨人集团。

那之后，史玉柱的事业一路顺遂，业务范围也覆盖很大，成了商界的一颗耀眼的新星。世界上从来没有绝对一帆风顺的事，在事业上一直很顺利的史玉柱不久便遭遇了失败。巨人，这个曾经的商界巨擘一瞬间倒塌了。跟着它一道倒下的，还有史玉柱的经营神话。

在一般人看来，这个打击是巨大的，不过史玉柱并没有被击倒。他坦然承认了自己的失败，并重整雄心，打算再次来过。

1998年，山穷水尽的史玉柱找朋友借了50万元，开始运作脑白金。2000年，公司创造了13亿元的销售奇迹，一跃成为保健品的状元，公司规模超过了鼎盛时期的巨人。

2002年末，史玉柱开始玩网络游戏《传奇》，并很快上了瘾。但他从来没有失去作为一个商人的嗅觉和敏锐，他意识到："这里流淌着牛奶和蜂蜜！"

2004年春节后不久，史玉柱召集公司高管开会，讨论此时再投入网络游戏行业晚不晚。当时中国的网络游戏行业已经高速发展了3年，市场竞争非常激烈，但史玉柱还是说服了大家。同年11月，史玉柱的征途公司正式成立。他推出了一种前所未有的新游戏模式，即不按照玩家在线时间收费，而是需要玩家买装备。这一新鲜的模式以及《征途》本身的魅力，很快就为游戏赢得了大量玩家，《征途》一跃成为国内网络游戏的前几名。

企业家有过失败并不可怕，可怕的是被失败打倒。史玉柱是成功的，他的成功不仅在于创建了一个商业帝国，更在于那永远不会被打倒的坚强。当然，还有他敏锐的商业眼光和精细的管理经营方式。史玉柱是一个非常注重市场调查的管理者，在脑白金推出的时候，他对市场进行了大量的走访和调查。在推出《征途》的时候更是如此，他本人就是一个资深的游戏玩家，更是找了很多玩家进行沟通、调查，有了数据之后，自然更容易做出用户喜欢的产品。

管理者可以输，可以有暂时的失利，但绝对不能自己放弃。坚强的管理者，一定是遭遇挫折后，勇于承认失败，之后重新再来的人。而不是那些死要面子不肯承认失败的人，更不是被失败打倒的人。

失败是人们所不喜欢的，却也是无法避免的，直面它就好了。

## 别把创始人"神化"

> 从公司治理来说，一定要避免把创办者、大股东变成集权制度下的神，避免放纵他想怎么干就怎么干、大家执行的时候东倒西歪、最后自尝苦果的悲剧。

公司也这样，如果是相对集权的体制，就是决策成本低，一个人说了算（所谓拍板快），必然造成执行成本高；因为你一下拍板了，底下人都没理解，大家也没有参与讨论，执行的时候就经常会阳奉阴违。结果纠错成本也高，因为谁也不敢对"大哥"说不，看着"车毁人亡"，大家除了表示同情、悼念，毫无办法。

从公司治理来说，一定要避免把创办者、大股东变成集权制度下的神，避免放纵他想怎么干就怎么干、大家执行的时候东倒西歪、最后自尝苦果的悲剧。我们应该建立一种好的治理结构，将决策的成本适当提高，拖的时间可能会长一点，但所有的决策都能控制在60~80分，执行有效，即使有毛病，在此过程中也会被大家提出来。小错不断，大错不犯，系统有效，积小胜为大胜。总之，如果制度选人和系统有效结合起来，公司就会比单一的人选人制度更能降低风险、更可持续。

——摘自《别把创始人变成集权制度下的神》

## 延伸阅读

在有些管理者看来，公司的制度就是用来约束员工的，对于制度的制定者或者执行者，往往就不太在意了。即使做些违反公司规定的事情，也不太当回事。尤其是那些公司的创立者，更是如此，很少会遵守公司的制度。不仅管理者们有这个思维，普通员工也是。大多数普通员工也觉得，像迟到、早退等这些无关紧要的规定，不应该用来约束管理者，特别是公司的创始人。

这样的想法，也不能说完全错误，却容易产生一个不好的导向。即，容易产生公司的创始人个人独揽大权的现象。因为这种差别，本身就暗示着管理者跟普通员工在权益上是有差别的，这种差别意识日积月累，自然就在人们的内心中产生了等级差别意识。这时候，人们就会用崇拜或畏惧的眼光来看管理者了。

以上，是冯仑对公司制度的看法。在冯仑看来，一家公司如果形成了领导集权制，那么必然会出现问题。首先是决策成本低、执行成本高，再就是决策不经过论证，也容易出问题。这些都是容易将一家公司引向歧途的因素。

更重要的是，一家完全由第一领导决策的公司，还可能会引起示范效应，最后变成公司的方向由创始人一人决定，他分配给具体部门的任务，则是那个部门的领导一个人说了算。这样，这家公司就成了只有那几个有限的领导在思考了，是靠他们几个的头脑支撑的。这是不牢靠的。一家成功的公司，必然是每个员工都成为公司的建设者，都在思考公司前进的方向。

冯仑非常重视董事会的建设，不仅读了很多书，也写过很多文章。他一直在谈如何建立一个好的董事会制度。通过冯仑的文章，我们可以看出，其实他想要做的，就是避免一家独大的情况出现。而万通集团的董事会也确实是这样的，经常会产生分歧。

很多人觉得，开会的时候没有任何分歧和波澜的才是好的，说明有效率。其实不是，没有分歧，说明做决策的只是一个人，这个人如果足够聪明还好，但脑子稍微一糊涂，便会让公司受到损失。而且就算是极度聪明的人，也难免会犯错，一样会让公司受损失。有分歧的会议，并不是说公司内部不团结，而是因为彼此都可以自由地发表自己的意见。而消除分歧的过程，其实就是统一认识的过程。在这个过程中，每个人都将自己的看法表述出来，最后大家一起决策，找到一个最好的方案，自然就不会出现决策方向上的偏差了。

不管是什么时候，众人的力量总是比一个人大的。再聪明的管理者，也有自己的短板，而一种众人皆可参与讨论的环境，本身就能对最高管理者起到激发灵感和提供思路的作用。这对一家公司的发展是非常重要的。

最坏的讲课方式是一言堂，最坏的公司制度是最高领导一个人说了算。如今是一个多变的时代，讲究的是分工合作。一个人，哪怕是一家企业的创建者，哪怕拥有再高的智慧，也不可能在每一方面都是高手。如果让他自己一个人决定所有的事务，企业肯定要出问题。而且，管理的最高境界，也不是事必躬亲，而是通过制度，让别人解决好所有的事情。

因此，不要把创始人变成集权制度下的神，创始人本身也不要觉得自己应该大权独揽。只有这样，企业才能持续发展。

## Business Develop

马云是一个贩卖理想的人，一直在给别人传递一种价值观，很多人看待马云，都是用宗教式的眼光，将他当作自己的偶像，觉得他是神一样的存在。这种情况在公司内部就更是如此了，确实有很多人是因为崇拜马云才想进入阿里巴巴的。

不过，马云自己非常清醒，他虽然给自己的员工、给自己的用户贩卖理想，但从不神化自己。马云是一个坦诚的人，他从来不避讳自己曾经的失败，这是一个神化自己的人所做不到的。而且，在内部决策的时候，马云也从不采取一言堂、一个人说了算的方式。可以说，马云是一个最适合在公司内部当神的企业创始人，但他并没有选择这么做。

不仅如此，马云还一直极力想要避免这种情况。马云是有一种担忧的，害怕自己被神化，害怕员工们过分崇拜自己，把自己的话当成信条。他觉得，如果出现这种情况，那么阿里巴巴很可能会陷入困境。因为自己再厉害，也无法永远走在时代的前头，无法看清市场上的一切。这些是需要全体阿里巴巴人共同努力的。

有了这种想法之后，马云开始不断放权，让更多的人参与到公司的决策当中。2013 年 5 月，马云宣布自己要"退休"了，让别人来领导阿里巴巴继续向前，而自己只做一个幕后的参谋。这些都是避免公司集权，避免公司最高领导人一人决策的方式。

每个人都愿意当英雄，可是有些人因为事业不够成功，因此不会萌生英雄心，觉得自己没有那个能力，只是会偶尔幻想自己成了一个英雄。可是，那些事业有成者，往往就不同了，他们比别人更优秀，有更好的事业，因此很容易生出自大的情结来，觉得自己就是一个英雄。有了这样的情结之后，便会想要决定一切，因此，在管理公司的时候，什么权责都揽到自己身上，也就不难理解了。这就是很多企业创始人始终不放权的原因，不是因为对别人不信任，而是特别享受那种决定一切的感觉，觉得自己是高高在上的。

　　人有这种感觉可以理解，但要清楚，这样的做法，不仅不能让一个人更接近英雄，反而会因为不受约束，而做出一些不合适的事情来，最终导致事业的失败。

　　管理者需要看清自己也看清别人。这里的看清是指看到自己的弱点，看到别人的优点。只有将别人的优点放到最大，将自己的弱点尽量补足，才能成就更大的事业。而做到这点，自然就需要依靠公司内部群策群力，每个人都为公司出主意。

　　不要把公司创始人变成集权制度下的神，那是一家公司走向没落的开始。

## 第五章
## 钱是人生中最大的挑战

天下熙熙,皆为利来;天下攘攘,皆为利往。

不争小利争前途，不争局部争全局，
**不争现在争未来！**

## 钱是一面镜子，它能映照出你的心

人有心，钱也有心，人用什么心情看钱，钱就用什么心情看人。

想要运作资金，想要懂得如何让别人支持你，让钱到你的公司创造效益，就得懂人心。而谋人钱财其难度仅次于夺人贞操，从别人口袋掏钱忒难。怎样打动对方呢？要研究人心，要知道人情世故，例如怎么给面子，怎么让人放心，怎么让别人相信你是好人。有时很怪，你去借钱，说自己没钱，别人不借你；你说有钱别人反而借给你。而且你不能说需要别人的钱帮你成功，你必须说这是帮他做事情，他才会把钱给你。在不同的民族、社会、文化背景下，钱必须按照当地的伦理、风俗、习惯、人际关系运作，取得别人的信任，这样才能让钱走到你这边。挣钱的最高境界，不是争，而是让。赚钱的过程中，人的本能都是争，讨价还价，杀价抬价。假定我一次能挣10块钱，我跟对方讨论半年才把这事谈下来，从人心上讲他就会很烦我，觉得我矫情。但如果我突然说算了，就挣一块钱吧，他会认为我傻，心想这家伙该挣的钱不挣，脑子一定进水了。所以，让不是送，送就不是买卖人了。我应该在7块到9块之间选择一个点，9块谈一个月，7块谈两天，无非在中间找个缝儿；若是谈到8块就尽快成交，占了一块钱便宜，对方还很有面子，觉得占了便宜，不好意思，下回还来找我做生意、给我机会。看起来我是少挣了两块钱，但只用一两个星期的时间，半年下来也许有十几次机会，赚的绝对比10块钱多。人家觉得能占你便宜，觉得你做生意爽快，在你这儿有面子，就会老来找你。

——摘自《野蛮生长》

**延伸阅读**

冯仑曾有一次卖一个公司的股权给别人，对方是一个私企的老板，那单生意也很大，有好几个亿。

冯仑跟那个老板是朋友关系，认识很多年了。中国自古就有重情轻利的传统，人们评价一个人的时候，也常常将重友谊和轻利益当作对一个人的夸奖。但是，友谊和利益又是常常会发生冲突的。而冯仑此时面对的就是这样一个问题。

如果单纯地讲友谊，给对方一个很低的价格，这样自己的名声挣到了，可是利益损失了。重要的是，这利益不是冯仑一个人的，而是整个公司的，这样，就会出问题。可是，如果锱铢必较，那么不仅可能会失去一个朋友，还容易连带这个朋友带来的商业合作都丢失。

最后，冯仑想了一个办法。他跟朋友说，我们已经是这么多年的交情了，如今坐在这个桌子前谈钱、砍价，实在是有些不能适应。不如这样，让你我各自的下属去谈，然后给我们一个结果，到时候就按照这个结果成交，你看如何。最后朋友接受了冯仑的建议。

由此可以看出，冯仑是一个聪明的人，同时也是一个大方的人。中国人虽然有着重情轻利的传统，但也有另一种说法，那就是亲兄弟明算账。之所以有这样一句话，是因为很多时候，如果账目不清，那么就容易彼此产生嫌隙，那样反而不美。而能够做到在自己不知情的情况下依然接受结果的，就必然是一个豁达的，对金钱有着正确态度的人了。

冯仑就是这样的一个人。

冯仑确实是有着正确的金钱观的。他是一个企业家，懂得逐利，但并不贪利。万通地产是冯仑牵头要成立的，可是成立后，他接受了大家均摊股份的决定。这是一份对金钱的豁达。

在万通最初的几个合伙人分开的时候，冯仑也没有计较太多，而是将万通的股份都留下了，自己守着兄弟们曾经的战果。这，又是一份对金钱的豁达。

正是这份豁达的态度，让冯仑能够看清钱背后的东西，从而能够用未来的思维去做企业。一个重视钱胜过一切的人，是一定看不到未来的，他能看到的只是眼前的一笔笔钱。冯仑独自领导万通地产开创了新的居住理念，用拍纪录片的形式传播新的居住理念，都说明了这一点。

古人说："汝果欲学诗，功夫在诗外。"其实赚钱也一样，想要真正赚到大钱，首先就要有一个豁达的金钱观。有了这样的一个金钱观，才能看到钱背后的东西，而这部分，正是赚钱的关键。

## Business Develop

说起富有，人们第一个想到的肯定是比尔·盖茨，他曾经连续多年蝉联世界首富。在一般人的印象中，这个世界上最有钱的人，一定过着奢华的生活，但事实并非如此，盖茨的生活不仅不奢华，反而很简朴。

盖茨的金钱观很独特，他曾说："我不是在为钱而工作，钱让我感到很累。"也说过："我只是这笔财富的看管人，我需要找到最合适的方式来使用它。"他也说："当你有了一亿美元的时候，你就会明白钱只不过是一种符号而已。"

在这种金钱观的指导下，盖茨的生活很简朴，他不仅很少穿名牌衣服，而且还经常买打折的服装。在一般人的印象中，这似乎跟他世界首富的身份是不相符的。但如果仔细分析一下盖茨的金钱观，不难发现，其实并不矛盾。

盖茨说，钱对他来说不过是一个符号、一个数字，也确实如此。人的一生中可以赚到的钱是没有一个具体的数量的，但其实能够花掉的钱，实在有限，大多数不过是吃穿用度而已。即使再奢侈，也总有一个数量能够衡量。普通人所以热衷于名牌，不过是因为平日里得不到罢了，那是追求，得到后自然会很兴奋。可是对于盖茨来说，买名牌的钱也不过是小钱，所以名牌和打折品在他的眼里，其实差异不大。

这种心理造就了盖茨的简朴，同时也利于盖茨去经营自己的企业。人是容易冲动的，在自己想要而不得或自己非常看重的东西面前，尤其会冲动。这就是很多人在巨大的利益面前迷失自我的原因，那利益迷住了我们的眼，让我们失去了冷静。而盖茨的这种心态，恰恰避免了这一点，他对钱没有巨大的渴望，反而能让他正确地面对金钱，看清金钱背后的秘密。这样，他在决策的时候就更加清醒。而这份清醒自然能让他赚到更多的钱。

很多人都没有这份清醒，所以在小的利益面前，可以表现得很好，能够成功地将小事做好。而一旦面对大规模的业务，面对一笔巨款，马上就失去了判断力。不是这个人的头脑变迟钝了，而是巨大的冲动让他迷失了自我。

一个企业家、一个管理者，不一定非要成为比尔·盖茨，但学习比尔·盖茨对金钱的态度，确实有利于企业的发展。因为一个人对待钱的态度，决定了他对人生和事业的态度。在钱的面前经受住了考验，将钱看得淡了，自然就能更清醒地投入自己的事业中。有了这份清醒，自然就能在事业上风生水起。

## 追求理想，
## 顺便赚钱

在企业家的能力之中，除了商业能力，价值观也是一种能力，它甚至是决定企业生死的。

怎么看别人看不见的地方？作为一个群体的组织者、领导者，我们要看危险、趋势、机会、资源、人才，看所有可能的一些选择。这些东西都是要靠看。靠什么看，凭什么比别人看得多，大家都说谁不想看未来，但是仔细想，怎么才能看得好？首先要往上走，走到6楼、8楼，全世界最高能待人的地方，现在880米，在迪拜塔，山最高有8884米，总之要往高走。

什么叫高？"高"就是价值观。想看得远，最重要的是先要有一个正确的价值观——我们最近经常讲追求理想，顺便赚钱，而不是追求金钱，顺便谈谈理想。

我讲的可能不是规范的商学院语言，都是自己低俗的语言。晓燕说我们这下午是有营养的下午，营养不光是维生素，还包括其他的物质。这个价值观就是我们怎么样看未来，能看得远，这是高点，这叫作是非标准，对于趋势的判断。这些价值观的问题，当然每个企业都有自己的价值观。价值观的低和高如何区别？很简单一件事情。如果你是追求金钱，顺便谈谈理想，你就把客户问题当成一个问题，而不当成一个机会。

比如说多少年前很常见的，一旦有人投诉，老板烦，晚上给屋里塞一个纸条，吓唬吓唬，第二天就老实；还不老实，摸黑的时候，一棍子打倒，肯定老实。

也有些企业，比如万科，叫作在投诉中完美，我们感谢大家投诉。没事就批评我，越是批评我的人，越是给我挣钱的人；不断地批评我，我不断地改进，以后就挣钱了。这个价值观，看到客户之后给你带来利润，我们叫机会之后的机会，利润之后的利润。这个价值观，把投诉看成是好事情，不停地让客户投诉，我们不停地解决，该解决的解决，不该解决的也解决。客户服务就是按摩，不停就满意，一停就不干了，你一停他就要交小费。这也是价值观。

当价值观不同的时候，有的人认为是问题，强制按下去；有的人认为是长期发展机会，是成功的必需累积，最后把品牌做强大。前面一种公司出现什么问题？只要媒体一说，大家都知道这个公司不靠谱；后面的公司，现在任何起诉都倒不了，因为他的客户的信赖已经非常深。所以价值观这件事情首先要看得远，就是立意高，靠价值观。

——冯仑在光华论坛上的发言

**延伸阅读**

一个企业是否伟大，不仅在于该企业拥有多少资产，而且在于是否给世界带来了变化，是否承担了足够的社会责任。而一个企业是否能做到这些，则靠企业领导者的个人格局，也就是企业家本身的价值观。如果一个企业的领跑者拥有足够的创新意识和社会责任感，那么在他的领导下，企业价值也会无限增大。从某种意义上说，企业家的价值观，决定着一个企业的价值。

冯仑有一个说法，对于一个企业家来说，学历是铜牌，能力是银牌，性格是金牌，而价值观则是王牌。

很多人都觉得，一个有学历的人一定是个有能力的人，但也有很多人对此持相反的看法，觉得学历和能力根本无关。其实学历高的人，说明他在某一个方面是优秀的，比如一个成绩好、爱学习的人，说明他的自制力比别人强一些，对于命题式的东西的理解也比别人强一些。如果他从事的是需要这两者的工作，那么肯定有优势；但是如果从事跟这些无关的工作，就未必了。所以对于经营企业，学历重要，但不是最重要的。因为经营企业需要自制力强，需要有一定的解决限定问题的能力，却不止于此。

相对于学历，能力显得更重要些。一个有能力的人，一定是可以带领公司赚更多的钱的人。他可以建立完善的激励制度，可以在危机时刻赢得大额订单，帮助企业走出困境。不过企业不仅仅是争取订单和制定制度，还需要有长远的发展规划。这些不是能力所能涵盖的，还需要企业家有一个好的性格。

所谓好的性格，不是指脾气好，而是拥有好的品质。比如坚强，比如坚韧，比如豁达，等等。这些是决定一个人的胸怀和格局的因素。企业家如果胸怀够大，格局够高，自然就能看到很多别人看不到的东西。这样，就能给企业开辟另一片天地，自然会让企业走得更远。

不过，光靠企业家的胸怀和格局，虽然能让企业走得更远，但想要创建一个伟大的企业就有些力不从心了。想要创建一个伟大的企业，靠的是企业家的价值观。

一个企业家不仅是利用资源的，更是整合资源的，同时他还要有强大的心理承受能力。君子不一定能成为大企业家，但大企业家一定要是君子。还有，企业家要有足够的气度，还要有很强的目标感。总之一句话，企业家不是做自己的，也不是成就自己的，而是为大家实现理想的。帮别人实现理想，靠学历、能力、性格都是很难做到的，一定要有一个正确的、超前的价值观。这才是一个企业家真正的能力和竞争力。

企业是由很多人组成的，每个人都有自己的位置，也都很重要，但起决定性作用的是其中的领跑者，也就是企业家。而企业家能做到哪一步，靠的则是他自身的价值观。所以，一个企业的价值大小，往往取决于企业家的价值观。这是冯仑的观点，也是他研究了无数企业家的经历得出的结论，更是他自己奋斗的目标。

## Business Develop

伟大的企业不仅在于创造了前所未有的经营方式，开发出了别人没有开发出的产品，还在于为人类的发展提供了帮助。按照这一标准，乔布斯的苹果绝对是可以称之为伟大的。苹果不仅为用户提供了优质的产品，更是改变了很多人的生活习惯。可以说，乔布斯是一个引领变革的人物，苹果是一家实现了变革的企业。而这一切，自然得益于乔布斯本身的价值观。如果要将他的价值观浓缩成一句话，就是那句著名的"活着就要改变世界"。

乔布斯是一个传奇性的人物，也是一个值得尊重的人物。他从小就很调皮，有强烈的好奇心，哪怕是新买来的玩具，也会将之拆掉，看看里面的构造。这都源自他对未知事物的探索欲望。

长大之后，乔布斯也是一个不甘平庸的人，他是有理想也有抱负的。按照一般人的想法，人的一生应该是平稳的，线性发展的。从小努力学习，考上大学，然后根据自己的专业找一份满意的工作，之后结婚生子，就这样一步步过完自己的一生。可是乔布斯不满足于此，他也上了大学，但并没有毕业，而是主动退学了。

当时，乔布斯接触到了电脑，他觉得这是一个新鲜的，也是绝对重要，可以引领人类走向一个新的高度的东西。这不正是自己想要的，能改变人类生活的东西吗？于是他毅然从学校退学，开始了自己的创业生涯。

乔布斯跟其他的企业家是不一样的。他创业不是想要在电脑市场上占有一部分份额，而是立志做出一个很炫、很酷、很伟大的东西来，改变人们的现有生活。所以，苹果电脑一问世，就是一个另类，不管在操作系统上，还是风格设计等方面，都跟其他的电脑有着巨大的差异。当别的电脑商将电脑质量看作第一位的时候，乔布斯想的是如何创新。

苹果电脑确实是成功的，不过还没有达到乔布斯的要求，它并没能改变世界。后来，乔布斯将目光放在了手机上，他开始研究智能手机了。这个选择，让乔布斯的事业达到了巅峰，也达成了他的夙愿，即改变世界。

苹果有辉煌的成就，跟苹果公司员工的努力是分不开的，不过，如果没有乔布斯这个伟大的领路人，一样无法达到今天的辉煌。而乔布斯能够做到这些，靠的就是心中的理想，靠的就是他本人的价值观，即活着就要改变世界。

一个管理者，能取得多大的成就，能够带领自己的公司走到哪个程度，不是市场决定的，也不是手里所掌握的资源决定的。而是由这个人的价值观决定的。一个有理想而且有着正确的、前瞻性价值观的企业家，一定可以让自己的企业做到前人所做不到的、做出别人所想不到的事业来。

对于企业家来说，能力重要，格局重要，但价值观更重要。这是决定他的人生方向的，也是决定他的事业大小的重要因素。

## 赚钱是种本事，
## 花钱是项技巧

能赚钱是一种能力，会用钱更是一种能力。

在中国，钱和面子是什么样的关系？一般来说，他跟你要钱的时候有面子，比如买我们房子的都是通过朋友打折，越有面子越占朋友便宜。一套房子100万，我给一个点折扣，他就拿走一万，这让他很有面子。在西方这是违法的，是不公平交易，因为同样一种东西，对生人一个价格，对熟人一个价格，也就是欺诈了生人，熟人跟你合谋占了便宜。熟人的便宜占的是生人的，生人是高价买的。在中国有面子的人就是占别人便宜的人。这在东北体现得最明显。到餐馆了，一看："啊，张哥来了，都算我的啊。"张哥就有面子，他有面子就"吃"了说话人的钱。从朋友口袋拿钱的人都是有面子的。面子值多少钱呢？看你能从别人口袋拿出多少钱就值多少。经常有人打电话给我，说某某要买你的房，帮个忙，这个电话值多少钱？我说你说值多少就值多少，他说，行啊，那你给他5个点吧。这5个点就是他面子的价值啊！

什么是面子呢？简单地说面子就是一套程序，一套贬低自己抬高别人的表演。美国传教士明恩溥认为中国人看重面子的原因来自对戏剧的喜爱。生活就像戏剧中的场景，每个角色都要体面地上台，在一片喝彩和赞扬声中下台，否则就"下不了台"。陕西人说面子，就说"你就把人尊重一下"。有面子的人总是在你上面，你在下面。在社会上，面子意味着很多的特权、通行证，也是一种可以从别人口袋里拿钱的资格。所以在中国研究面子，最后就是在人情世故中学会找面子，你有面子别人也会给你帮助。面子还有一个特点，它是可以等价交换的，是可以流通的。朋友的朋友的朋友，到我这里也可以打折，就是面子在流通。面子还可以储存，我老给你面子，到时候你也会给我面子。面子最终落实到经济利益上，会跟钱发生关系。

在社会上做生意，无非是要在人情世故上让大家都舒服了。我一般采取的是"631"的办法。"6"叫情势，是社会、法律强制要求我们遵守的；"3"是经济利益，算账；"1"是面子，是妥协。比如，我收购别人，一定要变成别人收购我的架势，明明是我很强大，但要说我很弱小，他显得牛了，事儿一下就办了。一般我们都是留10%的余地来处理面子问题，如果做交易我赚了钱，得在某种场合给对方一个好的说法，让他特别有面子。否则，在生意场上你就会变成一个刻薄寡恩的家伙。按照鲁迅说的，面子是中国人的精神纲领。总是尊重别人，把人家放到台上，你在下面，"善处下则驭上"，这样你在社会中就可以比较好地发展自己。

——摘自《人心与钱心》

**延伸阅读**

冯仑是一个聪明人，不仅会做生意，也会做人。在面对生意的时候，他有一双犀利的眼睛，不仅能看到眼前项目的利益，还能看出未来的发展趋势。所以，虽然万通地产并不是中国最大的地产公司，但在创新和引领行业某一领域的发展方面，是走到了最前端的。在做人上，冯仑也是不差的。他有一份传统的豁达，又有一份现代的理性。冯仑善于赚钱，但也会花钱，更是不吝惜钱。这份豁达的态度，让很多人都愿意跟他做朋友，更愿意跟他做生意。

冯仑曾经做过这样一单交易。那是一笔很大的买卖，总金额大概有8亿人民币。对方是买家，冯仑是卖家。虽然双方都有很强烈的合作意向，可这毕竟不是一桩小买卖，对方还要考虑很多因素，因此在决策上就要走很多程序。而在这走程序中，必然会遇到很多问题。

为了尽快促成这笔买卖，冯仑给对方开了一个条件。他跟对方说，可以先少给自己一个亿人民币的资金，这一个亿并不是不要了。而是先不给，然后加一个限定的条件。即，冯仑卖给对方的资产，对方如果拿去做了房地产，最终成品出售的价格不到7000元/平方米，那么这一个亿就算了，当作万通给对方的折扣。这样，局面就是市场不好，两方都让一步，彼此少赚一些。如果对方才开发出的成品，最终售价在7000元/平方米以上，那么说明市场很好，对方可以赚到很多钱。到时候这一个亿就补给万通，如果多给一些当然更好。

冯仑开出的这个条件，让对方很是欣喜，这单业务马上就谈成了。这就是冯仑的商业策略了。

一般的人，不管是企业的老总，还是管理层的员工，跟自己的合作方谈业务的时候，总是下意识地将自己的利益最大化，总是想用最低的成本做到最大的收益。这个想法是不错的，也是经济学上的主张。可是，凡事要根据环境而变。如果是一次性的买卖，做完这桩彼此不相往来，那么还无关紧要；如果是长期的合作伙伴，这样做怕就不好了，你总是这么斤斤计较，他早晚会去找别人合作。

一个真正的企业家，一个聪明的管理者，就会像冯仑那样，一定是能够理顺钱与人的关系、能够看到长远的发展的。他们知道，自己的合作方不是自己的敌人，他们跟自己合作有一个很重要的前提，那就是能够从中赚到钱。如果自己这边将条件定得太过苛刻，致使对方赚不到钱，那么以后肯定就没有合作的机会了。为了一次的利益，放弃了之后的所有合作机会，是不明智的。

人与钱，并不是对立的，而是统一的。一个人如果能让很多人赚到钱，那么这个人必定也能赚到很多钱。一个企业如果能让很多企业获得利益，那么它肯定会获得更多的利益。这就是人与钱之间的关系，要利用别人赚钱，更要让别人赚到钱。只有做到合作共赢，才能让自己的事业更加顺利。

## Business Develop

马云是一个狂人，阿里巴巴是一个很有影响力的企业，而马云之所以能够带领阿里巴巴取得如此的成就，靠的就是理顺了人与钱的关系。或者说，靠的是理顺了客户与钱之间的关系。

阿里巴巴是一个平台，在传统思维中，平台式的东西，比如商场是利用客户赚钱的，可马云的网上商城是帮助客户省钱的。在网上开店，没有店租，最初的时候也不用交税。这样，就省去了很多经营成本。这一块的节省，自然就让网店获得了更大的生存空间，也可招徕更多的人从事这一行业。

开网店的人多了，马云的淘宝网自然就发展壮大了。这就是一个很聪明的做法，靠帮自己客户省钱的方式，从客户那里赚钱。当客户得到好处之后，你自然也就得到了更多的好处。

这种思维的转变，不仅成就了马云和阿里巴巴，更是改变了人们的购物模式。可以说，这是一个改变了社会的创举。这一创举，让马云的阿里巴巴堪称是一个伟大的企业。而这个伟大的诞生，靠的不是疯狂地攫取利益，而是帮人节省成本。

很多企业家或管理者不明白这个道理。他们不是将自己的客户当成朋友，而是将自己的客户当成对手，想要从客户那里榨取最大的利益。这样起到的只能是一个杀鸡取卵的效果，丝毫没有持续性。这样做的企业，早晚有一天会被市场淘汰。

一个管理者，不仅需要管理能力，更需要一个豁达的人生观，要有一个大的格局。如果格局太小，那么事业也会受到局限。

如今已经不是各自为战的时代了，需要的是共生共赢。在这样的社会环境下，平衡人和钱的关系很重要。与别人的协作能力，也很重要。

## 在意钱以外的东西，才能更好地赚钱

在意钱以外的东西，才能更好地赚钱。

我们创业以后，第一年周年的时候我们制定了反省日，我们不断地自我检讨、自我要求、自我发展，同时也写了一篇文章，叫《披荆斩棘共赴未来》，强调我们合作的思想基础、利益基础、事业基础，我们未来怎么样处理这一块。今天看正是按着那个去做的。也就是说那个时候20多岁的一个小伙，挣了钱不干别的就讨论这事，你想肯定是真有点理想，否则一拍两散，拿了钱颠了再说。而且那时我们制定了很多，比如不转移资产、不改变身份，我现在问了一下，到现在没有一个人拿外国护照的，我们内部所有人的收入都是透明的，比如说我们6个人在外面拿到的钱，背着其他的5个人揣到口袋，没有发生过这种事情，都交回来了。其实都没人知道，比如你在外边跟人谈事，人家底下给了一些好处没人知道，我们就像共产党一样都交了回来。所以，在6个人里头，在钱的问题上高度透明、高度互信。这叫理想。因为我们认为钱前面还有东西，对吧，你比如说钱前边，哪怕像功权，钱前面有爱情,那也行,钱前面一定有东西才行,这样钱才不会引导你犯错误。因为我是钱前边的东西引导我去挣钱,而不是钱引导我去找利益,最后走到别的地方。我这儿想起一个故事,曾经在海口那个很混乱的地方,边上的服务员,我曾经问她一个话,她是海南人,海南姑娘。我就说你看她们,那会儿叫裤带松一松,胜做十日工,你这端一个月的盘子不如她一个晚上挣钱,你怎么不去呢?人家说的话很好,我不是那种人。我印象非常深刻。我其实就觉得这叫价值观取向。她有信念,她在钱前边还有东西,就是贞操。

实际上就是说我们坚持了我们的贞操,就是我们的信念、我们的价值观。

——冯仑做客新浪财经

## 延伸阅读

很多人都觉得,一个企业想要发展,资金是第一位的。如果资金不够,就会限制企业的扩张,钱对很多人来说都是难题,不过冯仑不这么看。在他看来,企业需要钱,但需要的并不仅仅是钱,甚至钱不是最重要的,而最重要的是能力。

有很多房地产企业的老总都觉得,制约房地产企业发展的瓶颈是资金,因为没有资金就买不到地,没有地何来房产开发呢?而有资金但资金不足也不行,那样虽然买到了地,但是没有后续的资金支持,一样无法完成开发的过程。就算前期开发成功了,怕也会出现这样那样的问题。但是冯仑觉得,这种看法是错误的,至少没有看到本质。

在冯仑看来,限制企业发展的瓶颈其实不是钱,而是能力。他说:

"在全世界房地产竞争生存之道都是能力,因为最后房地产企业活下来是靠能力而不是靠资金,最大的开发商最后都是靠能力吸引钱的。所以说,钱不是瓶颈,房地产公司的能力才是瓶颈。对基金管理公司而言,资金才是瓶颈。"

也就是说,光有钱没有能力,即使能买到地,能按时完成开发,一样可能赚不到钱。比如,地虽然拿到了,但可能因为能力不行,看不到未来发展,因此拿到的不是最有商业价值的地块,这样就会影响最后的销售。开发虽然完成了,可是因为能力不足,建出来的房子虽然质量没有问题但在设计上不合理,户型不好,那么买房的人看了之后也不会买。这都是因为能力的掣肘而无法赚钱的因素。

可是,如果有能力,这些就都不是问题了。虽然自己手里可能没有足够的资金,但是现在遍地都是投资公司,只要有一个非常优秀的策划案,那么肯定有人愿意过来投资,那时候事一样能办成。

这就是能力和资金之间的差别了。钱本身是不能生出钱来的,钱的拥有者有了赚钱的能力,才能用钱生钱。

这不是冯仑的理论总结,而是他的经验之谈。

冯仑说,他们与泰达达成战略合作的同时也学到了很多的东西。那之后,万通最重要的任务并不是赚钱,而是将经营模式由香港模式转向美国模式。那一段时间,他们的工作都不是围绕着资金的,而是围绕按照美国模式要求重新建构房地产专业能力来做的。这种做法不仅让他们很好地完成了当时的合作项目,而且为公司后来的发展奠定了基础。

不管是一个管理者还是一个企业,想要拥有更多的钱,都要将眼光放在钱以外的东西上。如果紧紧盯着钱,觉得有了钱就可以解决一切了,那么迟早会走入死胡同,没有出路。对于企业,真正重要的因素恰恰是钱以外的东西,而这些东西也是最能帮人赚钱的。

## Business Develop

京东商城如今已经成了知名的电子购物网站。他们从建立之初到有如今的成绩其实花费的时间并不多,之所以能够做到这样,就在于他们的策略。

一般人建立企业,都是为了赚钱,当然京东也肯定是因为这个目的才建立的。不过在建立之初,也就是在发展的过程中,京东创始人刘强东并没有将精力放在钱上,而是反其道而行之,不仅没有急着赚钱,反而将利益让给了客户。

众所周知,京东的快速崛起跟各种促销活动是分不开的,他们总是在重大节日的时候进行低价促销活动。这种低价策略可以吸引很多客户,但并没有多少利润可言。不过,京东依然坚持低价策略。因为刘强东知道,相比于从客户那里直接赚钱来说,让客户满意,获得更多的实惠,更有利于企业的发展。

京东将所有的精力都用在为客户服务上,而不是只想着如何从客户的口袋里将钱拿出来。京东商城的网站页面简洁明了,方便浏览,客户想要买东西的时候,点进相应的页面,产品的所有参数都呈现在眼前,且清晰明了。而且,京东还提供多样化的付款服务和快捷的配送服务,更是经常打出低价的折扣。这些,都是赢利之外的因素,却让京东因此获得了巨大的利润。

这就是一个成功的商家的眼光和格局了。如今的社会中,企业发展靠的不仅是资金雄厚,更是能力卓越。抓住客户不仅要有过硬的产品质量,还要有好的服务理念,要卖给客户产品,更要卖给客户价值。而卓越的能力和卖给客户的价值,都不是光靠钱就能得到的,也不是靠盯着钱就能得到的。这需要在钱以外的地方花精力、下功夫。当这些做好之后,企业自然也就发展了。

## 第六章
## 在企业家的境界中从容前行

一个人的伟大从不因为他有多少权势和财富，而是要看他是否有种能让时代为之凝固的气场。

在挫折中成长青春，
在梦想中寻找尊严。

## 伟大是
## 来自基因的力量

伟大实质上是一个基因。我们观察伟大的时候往往把因果关系颠倒过来。

伟大实质上是一个基因。我们观察伟大的时候往往把因果关系颠倒过来。比如人们通常认为柳传志今天能做出这些成就是因为他伟大，事实正好相反，因为他有伟大的基因，今天才会变得伟大。伟大的原因恰恰是他伟大基因发育的结果。伟大之所以是个基因，因为伟大其实是一个理想，这个理想和我们通常说的梦想不同。因为理想有很多，一种是社会价值的取向，这是基因，或者说是社会理想，是社会价值观的一种取向。我们经常开玩笑，30岁不结婚人家认为你嫁不出去，你一辈子不结婚就是一种活法，这就是价值取向，社会行为方式的价值取向。你如果有这个基因，你一生就照着去做，就会变得伟大了。所以一种社会价值取向会变成一种伟大的基因。

伟大的基因也是一种情感，比如偏执地对一件事情喜欢、投入。一开始可能是种情感，比如杨惠珊，她偏执地喜欢琉璃工坊，刚开始时倾家荡产，最后变得伟大，被认为是企业家和艺术家，这种情感既不是宗教也不是意识形态，也不是社会价值的观念，而只是一个偏执的喜好。伟大就埋藏在这些基因里，这些基因发育出一个东西，相当于一个导航的系统，能够正确地引导自己，比梦想更加具体、更加微观，而且更加精确。

——摘自《伟大的基因》

**延伸阅读**

作为一个普通人，多多少少都会羡慕那些伟大者，而且也大都会有一个伟大的梦，想象着有一天自己也成为一个伟大的人。尤其是当人有了一定的事业基础之后，更是觉得离自己的伟大梦想近了一步，在这时候，有些人会飘飘然，有些人则继续保持着低调和冷静。前者往往会遭遇失败，而后者则会走向成功。这其中的差别，并不在于能力，而在于心境。用冯仑的话说就是，伟大也是有基因的，而后者身上有更多的伟大基因，仅此而已。

所谓伟大的基因，冯仑有过概括，大概来说不外乎好奇、坚持、隐忍等。总之就是一句话，如果一个人身上有一股坚韧的劲头，而又有变通的能力，那么离伟大就会更近一步。就像冯仑，他今天的成就未必算得上伟大，但他身上确实是有着伟大的基因的。

众所周知，冯仑是一个儒商，他不仅有经营策略和管理经验，更有着坚实的理论基础。他不仅是一个实干派，同时也是一个学院派，而这两者能够很好地结合，靠的就是坚韧的毅力和强大的理解能力。前者让他做到了别人所做不到的，后者让他领悟到别人所领悟不到的。这两者结合，便是他事业有成的一个重要原因。

冯仑从小就热爱书写和阅读,还有就是非常喜欢思考。他有一个很好的习惯,就是喜欢穷根究底,这就是一种执着。这种执着体现在事业上,就是能够坚持到底。当他认定一个项目的时候,他就会坚持下去,直到看到最后的结果。这一点是非常重要的。

对一般的管理者来说,一个项目成功了,就意味着将要赚钱,如果失败了,意味着将要赔钱。但在冯仑眼里,每一个项目都是一种尝试。他不仅通过项目来谋利,更是想要发现其中的原因。如果一个项目成功了,那么他会想,是哪一方面做对了,所以才会让自己成功。如果效果不理想,他也会想,是哪里出了问题才导致现在的状况。所以,冯仑一直在不停地进步。正是这种进步,让他给房地产行业带来很多新的观念,从某种程度上讲,他也改变了人们的一些居住理念。在这方面,万通地产的新新家园项目就是一个例证。他不仅在房地产开发领域闯出了一条以前没有的路,更是让很多人体验到一种新的居住方式。这种尝试不仅有经济利益,也很有价值意义。

冯仑能做到这些,自然就是靠他所说的伟大的基因了。一个人能坚持,爱思考,自然就会离伟大近一点。这世上不存在比别人聪明很多倍的人,也不存在比别人傻很多倍的人。若论智商,其实大家都相差不大。人们的成就之所以不同,更多的是因为性格的差异。两个资质禀赋相差不多的人,如果一个爱思考,一个非常懒惰,那么前者往往能干出一番事业,后者则必定碌碌无为。这差别不在机遇也不在世事不公,而是由个人努力程度决定的。

伟大的人必然是努力的人,他们也有很多的共同点,这共同点就是伟大的基因。一个人如果愿意去研究这些共同点,又愿意去实践它,那么离成功也就不远了。这就是成功的秘密。

如果一个管理者觉得自己坐上管理的位置或者创建了一个企业就满足了,那么必然没有太大的发展。

## Business Develop

乔布斯从小就是个不老实的孩子。他生性好动，对各种玩具都充满了好奇，一样玩具拿到手之后，玩不了多久，总是想将其拆开，看看里面到底是什么构造。这份强烈的好奇心和愿意动手去尝试的性格，并没有随着乔布斯一点点长大而消退。等到他见到平生所碰到的第一个麦克风时，乔布斯的好奇心更重了。他不明白，为什么这样一个小小的东西会有那么大的能量。于是，他开始对电子产品产生兴趣，而这一兴趣的转移，最直接的结果就是苹果公司的诞生。

当然，一家伟大的公司光靠其创立者的好奇心和兴趣肯定是不行的，还需要公司领头人有一股敢于创造，也能够坚持的劲头。而这两样，乔布斯恰恰并不缺乏。

乔布斯的创业之路是非常艰辛的，他几乎是白手起家，几乎卖掉了自己的全部财产才凑够了创业的资金。不过即使这样，他所拥有的也不过是一个破旧的车库。在这样的环境下去创造自己的梦，没有一点毅力肯定是不行的。

在之后的创业过程中，乔布斯也经历了很多的考验。苹果是乔布斯一手创立的，不过在苹果发展壮大之后，他却被苹果公司开除了。对于一般人来说，这是不可忍受的。但乔布斯坦然接受了，而且后来提起这件事的时候，他并不认为苹果当时的做法有问题。这种态度，实在是让人佩服。

当苹果的大门再次向乔布斯敞开的时候，他没有犹豫，也没有对苹果之前的做法抱怨，而是平静地接过了这个摊子。凭借自己的奋斗，他让苹果再一次站在了巅峰。

从乔布斯的整个人生经历我们可以看到，确实如冯仑所说，一个伟大的人，并不是因为他本身伟大所以才有了骄人的成就，而是因为他的身上有很多常人所不具备的特质，正是这些特质让他可以成为一个伟大的人。这些特质在冯仑身上是一种穷根究底的学习态度和坚持不懈的毅力以及遇事爱思考的细微习惯，在乔布斯身上则是强烈的好奇心、坚强的毅力和豁达的心态。这些都是可以催生伟大的。

一个管理者，想要让自己的企业跻身行业前列，靠的不仅是机遇，更是团队的硬件条件。而这些，往往考验的就是这个管理者自身的素质了。如果他是一个有着伟大基因的人，那么他成功的概率就会很大。

没有人是生来就强于其他人的，哪怕是乔布斯也一样。他们不过是在后天性格养成的时候，比别人多了一些探索精神、坚强的毅力和豁达的心态罢了。这些，乔布斯可以养成，冯仑可以养成，其他的人也一样，首先要看的就是有没有这样的一种意识。如果一个人有这样的意识，朝着这个方向努力，那么就算没有乔布斯般的成就，一样可以在自己从事的领域内做得更好，至少是比没努力过的时候做得更好。

## 从容是种
## 不疾而速的境界

从容是建立在对未来有预期，对所有的结果和逻辑很清楚的基础上的。

很多人以为有钱才能从容，其实不然。从容是建立在对未来有预期，对所有的结果和逻辑很清楚的基础上的。你只要对内心、对事物的规律有把握，就能变得很从容。大人比小孩儿从容，男人比女人从容，老人比年轻人从容，掌握资源多的人比掌握资源少的人从容，皆是如此。对未来的东西越有掌握、越理性，你就会变得越从容。

比如你创业，你要想从容，就不能只盯着钱，你必须知道钱以外的很多道理，否则你遇到一些事情，总会觉得很委屈，觉得世界上的事情为什么不能如你所愿，总是跟你对着干。原因很简单，世界上所有的事情不是为你一个人准备的，地球几十亿人，中国十几亿人，所以你作为几十亿分之一，你一定要有对未来的看法和眼光。对年轻人而言，对自己掌握的已知比较少、未知比较多的领域一定要去拓展，如此才能打开视界。

古人讲坚忍不拔之志，涉及两个关键词：志向与毅力，二者缺一不可。要做到对未来、未知的掌握，除了必要的知识面跟眼光，还必须有坚忍不拔之志。志向，或者说理想像黑暗隧道、管道尽头的光明，如果这个光明熄灭了，人在黑暗里就会恐惧死亡。人之所以往前走，是因为有光明，光明是理想，加上你的毅力，你在黑暗中才能不断地往前走。

——摘自《从容是如何炼成的》

**延伸阅读**

很多人都羡慕冯仑，因为他成功创立了一家知名的公司，是一个有为的企业家，出了很多本书，是一个作家，而且经常组织各种企业家论坛等，又是一个出色的社会活动家，更重要的是，他还经常跟朋友聚会、谈天，有大把的时间用来交友。

可以说，冯仑所过的生活正是很多人梦寐以求的生活。有人用两句话对冯仑进行了描述，即"乐山乐水乐自在，亦文亦商亦从容"，可以说非常恰当。

冯仑自己也是看过这句话的，而且在一次演讲中特别提到了这点，也谈到自己有今天这份从容的原因。

冯仑说，很多年轻人都羡慕他的这份从容，而觉得自己生活得很苦，想要从容可是没有钱，用心去赚钱后，又没了从容的时间和心境。冯仑认为，这是一个必然的过程，每个年轻人都要经历这个过程，他年轻的时候也是一样。人们看到的如今这个从容的冯仑，其实是成功之后的冯仑。他还说，只要努力，每个人都是可以获得这种从容的。不过，首先要找准方向。

冯仑所谈的方向，其实更像是一种规划。比如创业的时候，不能只看到钱，还要培养自己的能力和心境。如果只盯着钱，那么是难以获得从容的，即使赚到钱之后也一样。因为钱是赚不完的，以钱为目标，其实也就是以一个无尽的数字为目标，那样的话，你将永远都在为一个更大的数字而奔波和努力。在创业的时候，要去赚钱，但不能只想着赚钱，还要培养自己的能力。

这里的能力不仅是经营企业的能力，更有经营人生的能力。一个管理者，相对来说，在事业上是成功的，不过这并不等于在人生上也成功。他可能有很大的事业，有很多的钱，但没有朋友，没有一个温馨的家。这样的人算不上人生的成功者。管理者在事业成长的时候也要分出些精力来，让自己的境界，对人生的感悟也得到提升，这样，当达到一定境界的时候，自然就有从容的心态了。

还有就是要会规划，这个规划不仅是事业上的规划，更有时间上的规划。做到这点，不仅需要强大的控制力，还要有一定的预见力，比如在创业初期就要看到制度的重要性，然后努力构建一个成功的制度。这样一来，等公司成熟之后，一切都上轨道了，那么管理者也就轻松了。如果很多事情不能提前做好规划，那么公司每成长一步就会遇到一个新的问题，需要管理者花费精力去解决这个问题。这样的话，即使想要从容也没有时间和心情了。

总之，一个人，尤其是企业的管理者，想要从容，靠的不仅是心态，更是综合能力。要能掌控全局、预测全局才可以。只有这样，才能用最少的时间将企业管理得井井有条，然后才可以做自己喜欢的事，享受一份从容的人生。从容的企业家，一定是一个事质全面的企业家。同样，一个企业家想要从日常的琐事中解脱出来，想要既管好企业又能享受人生，就要让自己变得更加全面。

## Business Develop

在中国的企业家中，提起从容，恐怕很多人第一时间想到的就是万科的王石，王石早前管理着中国最著名的房地产公司，还能够经常从事登山运动，这确实是让人羡慕的。其实，喜好登山的企业家并不止王石一个，还有另外一人，即黄怒波。不过他的公司没有万科有名，因此很多人没有注意到他罢了。但要说起潇洒,他甚至可以说是超过了王石的。

黄怒波有很多身份,他是一个诗人,创作过很多优秀的诗歌,也是一个商人,拥有一家成功的房地产企业,还是一个慈善家,经常进行捐款活动。当然,他也跟王石一样,是一个登山爱好者。这几重身份在黄怒波身上表现得错落有致,它们有交叉,但绝对不会互相影响,这就是一个真正成功者的气度。

黄怒波在商业上是绝对成功的,他曾多次登上胡润中国富豪排行榜,是绝对的商业精英,拥有一家庞大的企业。但是他并不像有些企业家那般,整天有忙不完的事务,他是很清闲也很潇洒的。之所以能够做到这样,就是因为他有着强大的管理能力。

有人说,一个真正有能力的管理者,一定是清闲的,他能让公司很好地运转,做到自己在公司和不在公司一个样。在这方面,王石做到了,黄怒波也做到了。而他们能做到这种程度,靠的就是强大的制度设计能力。一个制度健全而且制度高于一切的公司,必然是能够做到管理者不在一样完美运行的公司。

而且,黄怒波极有远见,他能够发现未来的趋势,因此可以合理地安排公司运营,用未来的眼光来经营现在。这样,当市场环境发生变化之后,他也不会觉得难于应付,这自然就生出许多从容的态度来。

由此可见,不管是冯仑还是王石、黄怒波,他们之所以能够从容,都是因为在管理上有自己的独到经验。正是这份对自己管理能力的自信,让他们可以对公司放手,这是最高明的管理方法。

一个管理者,其最高的目标不是靠自己将团队管理得井井有条,而是让团队脱离了自己之后依然井井有条、运行有序。这样的管理方式,才是最成功的管理方式。而想要达到这点,自然需要管理者有过人的能力和眼光,尤其需要超出常人的境界。这些,都是可以拓展一个管理者人生格局的东西,有了这些,他自然就能看到别人看不到的,从而做到别人做不到的,那时候,自然就不会为管理而发愁了。

## 思考是
## 前进的动力和源泉

你心灵自由，就可以不断地打破这些超级的意识形态和传统习惯，以及一些成见带来的壁垒，你可以想得很开阔，你能够对人生抱着一个乐观的态度。

心灵自由非常重要，你能够有效地去思考问题。因为每天有些人也思考，比如说村里的一个农村妇女，没有太多的文化，她也思考，你以为她不思考，她也是思想家，只是说她那个思想，没有传播，或者说传播以后，没有引起共鸣。她也在思考，但是呢，她老打转，祖奶奶、祖爷爷那个事儿倒腾，跟我奶奶一样老打转在思考。

那么你心灵自由，就可以不断地打破这些超级的意识形态和传统习惯，以及一些成见带来的壁垒，你可以想得很开阔，你能够对人生抱着一个乐观的态度。

那么你就能够非常淡定，其实淡定的人，也都很简单，你跟神成邻居就淡定了，你跟人成邻居，就不淡定，因为什么呢？神是什么呢？在不确定中生存，神能确定，所以叫淡定，在巨大的空间，有差异性的空间，神一出现，把它变成零，挥成无，你们都是一样的。

所以的话，你就叫无时间，无角色，无是非，无金钱，你就变成了一个淡定了，神不讲钱，神不讲人间是非，他讲人和我的是非，另外神没有时间的概念，24小时找他老在，什么时候你跟他讨论，你都讨论不过来。所以我就说，如果你要心灵自由，你几乎成了神的邻居，那当然你就俯瞰所有的事情，开阔，有历史感、纵深感，有开阔，有思辨，你都可以出现，这样的话，你看问题，就能够像我讲的不光是看见、看到、看清，你就能够看透、看破、看穿，最后成为一个享受思考的乐趣的人。

再一个呢，就是你做事情，在决策的时候，你能够看见别人看不见的地方，算别人算不清的账，做别人不做的事情，你才能做出一些会比别人可能有所不同、有所创新的商业上的决定。

——冯仑接受凤凰网的访谈

**延伸阅读**

冯仑是一个经营者，也是一个思考者。在中国，出过书的企业家很多，但大多都是自传性质的，意在告诉别人自己经历过什么、是怎么做企业的。但冯仑的书不一样，书中不仅有他的经历，还有他的思考。像《野蛮生长》《伟大是熬出来的》等，都收录了很多冯仑关于人生、关于未来、关于企业经营的思考。

正是因为有一个爱好思考的习惯，冯仑才能在商界风生水起、挥洒自如。通过思考，他对人生、对商业有了更深刻的认识，这份认识，就是他带领万通前行的资本，也是万通建造出很多理念性产品的根源。

一个思考的人，是一个旁观者，也是一个理想者。冯仑就是这样的一个角色，他不仅能够站在旁观者的角度看其他公司经营上的利弊，更是经常以一个旁观者的角度反省自己公司出现过的状况。万通有一个特别的反省日，每年都在坚持，这个反省日的存在并不是一种形式，而是起到过实实在在的作用的。其能起作用的根本原因就在于，万通人在冯仑的带领下，都懂得思考。

一个不懂得思考的人，在反省的时候，看到的肯定是自己的委屈和无奈；但一个懂得思考的人，看到的就是自己曾经的失误和所浪费的时机。前者会让人陷入抱怨的旋涡中不能自拔，从而怨天尤人；后者却可以让一个人保持清醒，及时改掉自己的错误，从而更好地前行。这就是万通发展的秘密，也是冯仑能够笑傲商场的原因。

一个管理者，同时也是一个领路人，处在这个角色的人，如果不能保持一个清醒的头脑，如果不能不停地思考，那么总有一天他带领的队伍会被时代落下。这是必然的。很多时候，企业的发展取决于企业家的综合实力，而企业能够发展，就在于他总在思考，在总结过去，发现现在，规划未来。可以说，只要企业家的头脑不停，那么企业的发展就不会停。这两者是息息相关的。

冯仑是万通的创始人，也是万通的领路人。他知道思考的重要性，也经常向手下的员工传达思考的重要性。在冯仑看来，万通想要往前走，需要很多实干者，但也需要自己这样不停思考、有前瞻性思维的人。

在一次访谈中，冯仑曾说，万通需要他这样不停思考的人，他也确实通过自己的思考给万通带来了利益，也给客户带来利益。他觉得，万通的很多做法是值得自己骄傲的，万通在很多地方做到了创新，告诉人们，原来城市还可以这样。而这一切，自然源于一种不满足，源于对现状的思考和对未来的憧憬与规划。

## Business Develop

京东商城的快速崛起是很耐人寻味的。在京东出现的时候，已经有好几个大的电子商务平台了。且不说早就成立的淘宝网，以及大牌电商亚马逊，那时候，当当电子也已经颇具规模了，但是即使这块市场竞争激烈，有很强大的对手，京东还是快速地崛起了，而且取得了很好的业绩。这当然跟刘强东个人的努力分不开。

刘强东是一个很爱思考的人，他不仅观察市场，思考企业的发展之路，还去研究客户。这些都是京东能够快速成长的重要原因。

京东商城刚开始融资的时候，规模并不大，仅有20万的注册用户。20万这个数字看起来颇为可观，但跟其他电商的动辄上百万、上千万的用户比起来，就根本不值一提了。不过，就是这个仅有20万用户的小小的网站，却很快就赶超了其他电商。

之所以如此，是因为刘强东有着不一样的思考角度，跟其他的网站在意用户数量不同，刘强东在意的是用户的黏度。根据数据显示，京东商开始的时候虽然用户量少，但用户黏度极大，注册用户中几乎有40%的客户每天都要访问京东，这是一个奇迹般的数字。而就是靠着这种极大的用户黏度，京东才有了迅速崛起的条件。

用户所以爱上京东，跟京东的经营策略是分不开的。京东商城的愿景是改变人们的传统购物方式，他们更关注的是用户的体验。

刘强东是一个非常喜欢琢磨事情的人，他没事就是爱研究用户的购物心理，思考什么样的方式会让用户更加快乐地购物。正因如此，京东才有很多跟其他网站不同的设计。进入京东商城的页面之后，你会发现，页面非常简单、干净，这样就突出了产品本身，能够最大限度地吸引住客户的眼光。还有就是，京东的付款方式多样，他们是第一个拿着POS机送货上门的，这样就极大地方便了客户。当买一件大宗商品时不再需要去银行取钱了，收货的时候直接刷卡就可以。

在物流的建设上，京东也是一绝。开始的时候，其他电商都是依靠快递公司送货，这样就会多出一些不必要的环节，从而增加送货时间。但是京东不一样，他们自己成立了快递公司，这样就极大地缩短了送货时间。这对用户来说，是非常具有吸引力的。

正是因为摸清了用户们的心理，京东商城才能在短时间内迅速崛起，成为电商中的大户。而这一切，靠的自然是刘强东那颗爱思考的头脑。如果是一个懒惰的人，自然不会去想这些。如果是一个愚笨的人，自然也不会从这个角度去想。

商业竞争很残酷，也很艰难，但有时候，其实也很简单，比别人多思考就足够了。企业家、管理者是一个团队的头脑，而管理者本身的头脑就更重要了。一个团体，只要领头人头脑不停，那么他们的进步就不会停。

## 做人讲情理，做事讲规矩

做事和做人要有不同的原则，做事时有规矩就会少很多麻烦，做人时懂情理会赢来更多机会。

东西方都有自己的普世价值，东方的价值观作为传统文化，从新加坡开始，叫新亚洲的文化，有很多诠释。我个人做事比较喜欢西方的价值观，做人喜欢中国的价值观，我在纽约见一个老板时说，我用中国方式吃饭，用纽约的方式做生意。做事按纽约方式做，比如用最贵的律师、中介、会计师，如果不用这些好的中介服务证明你没有诚意，吃饭是中国方式。

所以中国人处理事情，中庸、和平、宽恕、任意，通过"是"看待"非"，通过"非"找到"是"，这样一种哲学文化我们比较习惯。我总是讲是非相对性，另外讲成本之前的成本，利润之后的利润，用这种方法判断一个事情，和人打交道，学会让而不是学会争，做生意只能挣10块钱，砍价最后能到10块钱，最后人家觉得这个人矫情以后不来找你，如果你很爽快，过两天还会来找你。实际上要学会让而不是争，学会不争这是中国文化。

——冯仑接受《中国企业家》采访

**延伸阅读**

冯仑有一句话，叫按纽约方式做事，中国方式做人。所谓纽约方式也就是美国方式，或者可以说是西方的方式。西方人比较直接，重视制度，淡漠人情。他们一般是有话直说的，强调按照规矩做事，是外向型的。而中国的方式或者说东方的方式则是相对内敛的，讲究谦和礼让，尤其是与人交往的时候，强调给别人留一点余地，给别人一点面子。

两者是不同的，但绝对不是对立的。不过，很多人却将两者对立起来，让它们变成了二选一的关系，这样是不好的。冯仑在这方面应用得很得体，他的主张是按照西方人的思维做事，按照中国人的方式做人。所谓按照西方的方式做事，就是两个人或两个企业在合作的时候要确立一个具体的规矩，让这个规矩约束众人的行为，一切以这个规矩为准绳。这样就有一个统一的标准，有了这个标准一切就好办了。这样的方式，节省了很多沟通成本，也能避免许多不必要的麻烦。

但是在做人方面就不能这样，西方那种直接的方式很容易伤害到别人的感情。因此，在做人的时候要遵循东方的原则，即懂得给人留余地，懂得给别人面子。这样即使有些不愉快也不会闹得很僵，下次有机会的时候还可以相逢一笑泯恩仇，继续合作。

从中我们可以看到，冯仑没有将两者对立，而是将两者统一了，让两种思维方式各自发挥优势。这样一来，我们不管是在做事还是做人的时候，都能够非常自如，有很大的余地。这是一个企业家的智慧。

在具体的实施上，冯仑也是坚持这个原则的。冯仑曾经讲过，他跟一个合作伙伴因为生意上的问题发生了一些矛盾，闹得双方很不愉快。这时候，冯仑的一些美国朋友劝他说应该起诉那个人，让他付出代价。可是冯仑没有听从这个劝告，而是采取中国人的方式，不起诉对方，给对方留一个余地。冯仑解释说，自己这么做，不是懦弱而是看重未来。双方在这次的合作中确实有些不愉快，但并不是什么原则问题，以后如果机会合适还是可以再次合作的。而且从长远的角度来看，如果以后真的有合作的机会，那么这次摩擦反而是有益的，因为它让双方更加了解了。冯仑说，这是中国式的智慧，是有大道理在里面的。

冯仑一直是坚持这个原则的，也是信奉这个原则的。因此万通能够跟很多知名的大企业合作，因为他们在做事的时候是按照西方人的方式来的，讲规矩，遵循制度。这样的公司，自然有人愿意与之合作。而在做人上，冯仑也确实是中国式的，知道体谅别人，懂得换位思考，明白不管干什么都要给别人留一点余地。正是因为这点，冯仑的朋友很多，像王石、柳传志、马云等都愿意跟他打交道，因为在他们看来冯仑是一个明事理，懂得容人的人，跟这样的人在一起没有压力，让人感觉放松。

一个管理者，能将事业做多大，其实跟他的行为方式是有关系的。像冯仑这种既懂得做事的规则又懂得做人的方式的管理者，必然能为公司赢得更多的客户，也能结交到很多对生意有利的朋友。这就是一个人的竞争力。

## Business Develop

按规矩做事、循情理做人不仅应该是一个企业家的追求，更应该是一个企业的信条。在这方面，华为公司做得很好。

众所周知，华为是有着非常强悍的企业文化的，他们讲求的是狼性。

不管是华为跟其他公司的竞争还是华为内部对员工的要求，都是很高的。很多曾经在华为工作过的员工提起在华为的日子，都是一个评价：压力大。因为在这里，要做的是最前沿、最具挑战性的工作，面对的是最强悍的对手。而且，华为还有着严格的考核机制，可以说，想在华为生存下去，大为不易。

因为有着这些特点，很多人觉得华为是冷酷的，是无情的，是完全按照规矩做事的。不管是向外对待自己的竞争对手，还是向内对待自己的员工，都是严格按照制度进行约束的。其实，华为也有其温情的一面。

在华为，员工是允许犯错误的，但也有一个红线。员工在工作中可以因为能力不足而犯错，也可以因为一时疏忽而犯错。有了这样的错误之后，只要知道改正，知道继续努力，那么一样可以获得升迁的机会。但有一种错误是不能容忍的，那就是欺骗。

很多年轻人为了能够进入华为这种大公司，会想很多办法。比如有的有能力但是学历不够，或者觉得自己的学校不够好，拿不出手，会用制作假学历、做假毕业证的方式获得敲门砖，从而进入华为。

虽然华为公司的人力部门审查很严格，但也无法准确分辨出哪一个是真的证件，哪一个是假的证件，尤其是在毕业证不能联网查询的时候更是如此。因此，很多人靠着一纸假文凭进入了华为。

在华为内部，发现这样的事例肯定是要辞退的。因为这是原则问题。不过他们并不是直接指出那个人的错误，而是采取一种暗示的方式，让那人明白自己曾经的欺骗被识破了，从而自己离开。一般的方式就是调换岗位，或者降低工资。如果有员工受到这样的待遇，自然知道自己曾经作假的事情败露，往往会自动离开。

这就是华为温情一面的一个体现。之所以这么做，就是为了给对方留一点面子，给他们一个余地。华为是出于中国人的人情法则才这么做的。

这是一个小小的点，不过从这个点可以看出华为有温情的一面存在。也正是因为工作的时候完全遵循规则，员工与员工之间又有温情的存在，华为人才会为自己在这样的公司工作而骄傲。他们在工作中要面对强大的工作压力，但他们很少抱怨，因为在华为他们有一种家的感觉，而这感觉是能够让他们产生归属感的。这正是华为强大的凝聚力的原因之一。

每个企业都应该像华为一样，在用严格制度考核的同时也要让员工体验到温情。只有这样，员工才会真心地热爱公司，并愿意跟公司一同发展。

## 谦卑之道：
## 以细节感动他人

第一个重要，就是谦卑、谦恭、谦虚，以非常低柔和的态度包容人生周围所有资源和吸取所有的机会。

第一个能力也是第一重要，就是谦卑、谦恭、谦虚，以非常低柔和的态度包容人生周围所有资源和吸取所有的机会。你们也上了中国国学课，老庄经常讲，海之所以大是因为海比山低，高处的东西都流到海里面，人也是这样的。

我观察过一些，但是不是这么理解的。我也注意到身边一些人非常圆通、谦和，但是在我见到李嘉诚之前没有很震撼的事情，当我见到李嘉诚以后，我要研究他为什么成功。开始是看看书，但是等见到以后，我就发现在李嘉诚身上最重要的品质就是谦虚、谦和、谦恭，在待人的细节上非常让人感动。

——冯仑在浙江大学的演讲

**延伸阅读**

冯仑曾经讲过一件事,是关于李嘉诚的。有一年,冯仑和马云等一行人去拜访李嘉诚。在冯仑心里,李嘉诚是大企业家,是自己的榜样,算是偶像级别的人物,所以他内心是很激动的,用他自己的话说,是带着朝圣般的心情去的。在冯仑眼中,像李嘉诚这种身份的人,应该是很有派头的。见面的过程应该是一行人在客厅等着,然后李嘉诚出来,跟大家打招呼,说两句话,回答几个问题就好了。

可让他没想到的是,当电梯载着一行人行驶到顶楼的时候,电梯门一开,李嘉诚竟然站在电梯旁,手里拿着一叠名片,之后挨个发给从电梯里走出来的人。这个举动让冯仑很是惊讶,要知道,李嘉诚可是成名已久的大企业家,而且当时已经是70多岁的老人了。这样的成就,这样的年纪,竟然能在电梯口接自己,而且亲自发名片,是绝没有想到的。与之形成鲜明对比的是,现在很多的企业家都是很牛气的,觉得自己是个人物,所以不将别人放在眼里。

之后,众人来到客厅,谈了一会儿,然后来了一个人,让他们抓阄,为的是安排座次。因为那天去的也都是有名气的企业家,这样就有一个麻烦,比如谁坐第一桌,谁坐第二桌,一般都是按照成就或者名气分的,可是这种东西很难量化,很可能有两个人都在内心觉得自己比另一个强,排在那人后面会不舒服。抓阄决定座次,就不会有这样的尴尬了。

座位排好之后,众人便入席了。吃饭过程中,李嘉诚先生每桌坐15分钟,跟众人的沟通时间都是一样的。当众人散去的时候,李嘉诚也是将他们送到电梯口,等他们都走了再回去。

这件事让冯仑很是感慨,从中他也有很多的体悟。冯仑觉得,越是成功的企业家就越是谦卑，不是因为他们取得了成就后故意做出一个谦卑的姿态来，而是因为他们的性格中本来就有谦卑的因子，因此才有这么大的成就。关于这一点，冯仑也有解释。人都是愿意跟谦虚的人在一起交流和沟通的，没有人愿意跟一个自大的人聊天。因此，那些谦卑的人往往有更多的朋友，能认识更多的生意伙伴。大家都知道，在当今社会中，人脉就是资源，一个大家都乐意与其打交道的人，自然就能谈成更多的生意，因此事业有成也就不难理解了。

事实上，冯仑本身也是一个很谦卑、很虚心的人。看冯仑的书，听冯仑的演讲，我们就会发现，他经常会夸奖王石和柳传志，觉得他们身上有很多好品质，而且从不讳言自己从这两个人身上学到了很多。这就是冯仑谦卑的体现，也正是因为这点，他才能将自己的公司经营得那么好。因为他从成功的企业家那里借鉴了很多的经验，学到了很多管理上的道理。

人有了事业之后往往觉得自己能够成就一番事业，自然就是个厉害的角色了，从而不将别人放在眼里，对别人提出的意见不以为意，别人有优点也不愿意去学，觉得这样就说明自己不如那人了。但他们不知道，当自己丢掉了谦卑的姿态，封闭了跟外界的交往之后，也就失去了充实自己的机会，让自己和企业都无法前进了。

知识和经验是永远也学不完的。有的人觉得自己不用再学了，不是他已经足够厉害了，而是自己将眼光定得太高，看什么都不顺眼了。这不是境界，而是一种危险的自大情绪。做人不管什么时候都要谦卑，作为管理者尤其如此。在竞争日益激烈的环境中，比的不是谁有名，谁地位高，而是谁的能力强，谁能从别人那里学到更多的经验。有经验者即使现在没有很大的成就，总有一天也会通过努力得到。自大的人，即使现在有很高的地位，总有一天会因为故步自封而被人超越。

## Business Develop

新希望集团总裁刘永好有一次去韩国参观一家面粉企业。那家面粉厂是希杰集团的下属企业，有 66 名员工，每天处理小麦的能力是 1500 吨。听完介绍之后，刘永好非常惊讶，他没想到一个只有几十名员工的小厂，工作效率竟如此之高。要知道，在国内，同等规模的企业一般日生产能力只有几百吨，但员工往往能达到几百人。即使是效率高于国内行业标准的企业，如新希望集团，其 250 吨日处理能力的工厂也要七八十名员工，产能仅仅是韩国那家工厂的 1/6。

刘永好是一个很虚心的人，他看到别人有如此高的效率，便想弄明白其中的秘密，然后按照他们的方法整改自己的企业。于是，刘永好与这家工厂的管理层进行了深入交谈。刘永好了解到，这家企业在中国也投资办过厂，不过其中国分厂的日处理能力仅为 250 吨，工人却有 155 个。这更让刘永好疑惑了，为什么同样的投资人，设在中国的工厂与韩国本土的工厂之间生产效率居然相差 10 倍之多呢？

为了搞清真相，刘永好又找到了那家工厂的厂长，虚心请教，问他们为什么同样的设备，同样的管理，可是设在中国的分厂却需要那么多人呢？

那位厂长没有直说，而是含蓄地回答："可能是中国人做事不到位吧。"刘永好知道对方的意思，不过是委婉地指出国内的工人效率低。

回国后，刘永好一直在思考这个问题。经过多天的思索，他终于找到了答案，其实问题还是出在管理上。即使韩国的工人确实比我们的效率高，但也不至于高出 10 倍以上。问题的关键在于，他们在中国办的厂，虽然设备等是一样的，可是管理模式还是接近中国化的。因为我国工业起步比较晚，所以管理上较为落后，很多时候虽然员工们力气没少出，但并没有效率。

而韩国工业化程度较高，管理上更加完善，也更科学，因此能够发挥出更大的效率。

想明白之后，刘永好开始重新思考自己公司的管理制度。经过长久的努力，他的员工也有了更高的效率。

任何一家企业，取得成功都不是偶然的，必然有其关键因素。像刘永好这种从养殖起家最后成长为著名企业家的，就更是如此了。刘永好成功的因素很多，虚心是其中之一。正是因为足够虚心，所以他能看到自己的短处和别人的长处，并能弯下腰来学习别人的长处。这样，他就有了更快发展企业的基础，因为他的企业是融合了各家之长的。

作为一个管理者，是要不断学习的，不仅要从书本上学习，还要有一个谦卑的态度，虚心向比自己强的企业，甚至不如自己的企业学习。学习他们的长处，之后弥补自己的短板，总有一天，你也会因为不断的积累让企业快速成长起来。

# 第七章
## 自我提升：以变应万变

不断改变是唯一不变的事情。

YOU ARE
STRONGER
THAN YOUR IMAGINATION.

没人能回到过去来改变今天,
却能从今天开始努力去改变将来!

## 学习未必成功，不学必定失败

学习是一件持久的事，需要坚持也需要方法。

我有一个特别的习惯，几十年都看那些不起眼的报纸和信息，看非正规渠道的，包括现在的八卦新闻。我每天看报纸从八卦看起，八卦新闻看完了以后才看社会新闻，社会新闻很热闹，社会新闻以后才去看财经，再看房地产，最后看时政。

这样来看报纸，非正规信息会刺激你思考，让你思维空间特别开阔，还能增长知识面。你看很多案子，有很多侦探知识——我很喜欢刑侦的工作，十几岁时就开始琢磨法医学、痕迹学、证据学——看这些不太正规的事，但是在你遇到问题的时候有帮助。比如，你跟一个人打官司的时候，如果有点这类知识，就会知道怎么马上取证。上面有很多上三路，下面有很多下三路，在生活和做事中，上三路和下三路是等效的。什么意思？比如说办执照这样简单的一件事，你用上三路的方法找人，找到局长，局长说我可以批，但春节放假了没法办。而如果你用下三路的方法，找到办具体事情，也就是办执照的女孩，你让她喜欢的男孩去找她办，女孩儿很高兴，年三十加班，把执照打出来。所以，有时候下三路比上三路管用，你要找路径最广最有效的。

此外，有意思、有实际用处的书，像马桶的历史、门的历史、吃醋的历史等，这种书我都认为是好书。比如吃醋的历史是人的社会心理过程，这对把握办公室恋情有帮助，可以起到触类旁通、举一反三的作用。

——摘自《读书是一种跟伟人的交流》

**延伸阅读**

冯仑是非常喜欢读书的，他不仅平时有阅读的习惯，当遇到问题的时候，也常去书中寻找答案。

1996年是万通的一个拐点，他们阻止了万通的快速扩张模式，开始压缩规模，这一系列事情完成之后，才开始寻找以后的路。面对前进无路，而后退又心有不甘的形势，冯仑始终没有停止思考，他想了很多办法，用于规划万通的未来和整理万通的现在。其中之一就是读书。

那期间，冯仑找了很多的书来读，其中大多是关于几个人合伙干事业的，研究书中人的成长路径，以及出现了问题之后彼此之间如何协调。而且冯仑不仅自己读，也介绍给他的几个合伙人。比如他看了《太平天国史》觉得好，就把它推荐给自己的几个合伙人，告诉大家，越是在有困难的时候，越是要有耐心，千万不要像太平天国那帮人一样，弄一个"天京之变"出来。他的这一主张也得到了几个合伙人的认同。正是他的这一劝导稳住了大家的情绪，后来几个人共同协商，才找到了出路。这就是读书的力量了。

冯仑不仅遇到困难的时候会从书中寻找答案，平时也非常喜欢阅读。

正是因为有这个爱好，所以冯仑才不同于一般的企业家，在企业管理方面，他不仅有实际经验，而且有理论支撑，可以说他是一个地地道道的儒商。

理论和实践的结合，让冯仑看到了很多其他人看不到的地方。比如说建立董事会。一般的公司，可能对这个不是很重视，但是冯仑将之看得很重，而且他不仅自己做得很好，还分享了很多的经验，将之写成了文章，供大家探讨。可以说，冯仑能够在关键时刻力挽狂澜，引领万通走出困境，靠的正是理论和实际结合。

冯仑喜欢读书，也会读书。他觉得读书是一种跟伟人的交流。在冯仑看来，有3种书是一个企业管理者必须读的。第一种是经典，也就是经过时间沉淀的，这些书经过了历代人的筛选，自有其独到之处。第二种是有用的，可以给自己帮助的，他个人的喜好是一些好的故事书，因为可以从中读到人性，了解人之后，自然就能做好生意管好企业了。第三种就是拓展思路的书，比如科幻小说，里面充满了奇思妙想，可以让人进入到一个全新的世界，从而拓宽思路。

冯仑会读书，爱读书，更能够将知识转化为实际的能力，这正是他能够创下一番事业的一个重要原因。因为读书拓展了人的视野，我们平时很难遇到伟大的人，也很少会知道他们是如何想的、是如何做事的。但是书给我们提供了一个机会，读一本伟大的人的传记，就仿佛置身于他的生活当中，以一种旁观者的视角观察他，自然能够从他的身上学到很多好的东西。如此日积月累，自然也就有了更多的体会，让自己更加成熟。

有了这份成熟之后，不管是做事、交友还是管理公司，都能够有理有据有序，那时候，也便不会再有那么多的困扰了。

别人的经历是不能照搬的，却能给我们无限的启示，那启示不仅是财富，更是一个人的竞争力，将这竞争力放在管理上，自然就超出别人许多了。

## Business Develop

　　张瑞敏，海尔集团创始人，全球享有盛誉的企业家，是海尔集团党委书记、董事局主席、首席执行官。这是一个富有传奇性的人物，也是一个极厉害的企业家，但很多人不知道，他还有一个外号，叫作书呆子。

　　之所以有如此外号，是因为张瑞敏酷爱阅读。张瑞敏最喜欢读的书是哲学，像《论语》《道德经》之类的经典，他早就烂熟于胸了。张瑞敏觉得，哲学是最考验头脑，也是最具智慧的。一个人想要读懂哲学著作，不仅需要强大的逻辑思维能力，还要对社会对人性有深刻的认识。正因如此，他才热衷于哲学，因为这样可以让自己的头脑更加充盈，也能让自己的思想更加深刻。张瑞敏甚至说过，自己成功的秘诀是读书和知识。

　　除了自己的爱好之外，张瑞敏还读很多实用类的书。掌管企业之后，张瑞敏就开始读跟管理相关的书了。他觉得，对于自己来说，管理是一个比较新的领域，想要做好必须有足够的认识和积累，既然没有实际的管理经验，那么不妨先从读书开始，学学别人的管理经验。

　　而且，他不仅自己读书，还常给员工们讲自己的读书心得。他说自己在海尔的角色有两个，一个是设计师，为企业制定战略，另一个就是牧师，为员工们布道，也就是讲海尔的文化。这布道的内容，自然有很大一部分就是他自己的读书心得。

　　更重要的是，张瑞敏从书中学习了新知识之后，还能很快地将之转化成自己的东西。在中国的企业中，有自己的独特文化、有属于自己的管理之道的企业并不多，因为很多企业才刚刚起步不久，虽然规模足够大，但在企业文化的构建上，很多还是模仿别人的。在这种情况下，海尔却有一套属于自己的体系。这套体系，就是张瑞敏通过大量阅读书籍，然后总结提炼、升华得来的。这不仅是一个创举，更为海尔的成功奠定了很重要的基础。

作为一个领导者，张瑞敏不仅自己读书，也鼓励公司的管理层甚至普通员工参与阅读。在他的影响下，海尔一直有一股阅读风。

读书是快乐的，那快乐不仅在于让管理者获得了新的知识，更在于解除了很多原有的困惑。更重要的是，它让管理者变得充实，这份充实，是头脑得到了滋养的结果。管理者的头脑被知识装满了，那么也就没有什么能够难倒他了。有些人觉得，企业家是不需要阅读的。这是一个错误认识，那些出色的企业家，像冯仑、张瑞敏，还有王石、柳传志这种做出了别人做不出的成绩的人，都是喜欢阅读的。

## 汲取
## 每本书中的营养

把生命当作一本活的书,我们的企业才能走得更远。

作为一个董事长,不能不读书,读书不能只读一本书,读一本书又不能只读几句话,读几句话又不能永远照搬去做。要把书当作营养,而不能当作一个食品。我们在中间是找营养的,不是去找食物的,更不能把它生吞活剥吃下去就完了。广泛读书,然后汲取每一本书里的营养,变为自己的血肉,生命力才能旺盛。而不是吃了面包长面包,吃了鸡蛋长鸡蛋。慢慢地把书融合在生命当中,把生命当作一本活的书,我们的企业才能走得更远。

——摘自《董事长懂事才能长》

**延伸阅读**

2003年,冯仑顺利通过了法学博士论文的答辩,成为中国社会科学院研究生院法学系宪法学与行政法学专业的博士毕业生。当别人问他为什么经商多年之后依然要读这个博士的时候,冯仑回答说,他并不看重学历,而是为了增加自己的知识量。

冯仑是一个热爱阅读的人，也是一个热爱知识的人。他不像有些企业家那样，只是做出一个尊重知识的姿态，偶尔去参加一些并没有任何含金量的"总裁班"，而是真刀真枪地付出了3年，结结实实地"啃"下了一个博士学位。他这么做，原因很简单，不过是为了解除心中的疑惑，他是奔着知识去的。

一个成功的企业家，在完成原始积累、带领企业成长壮大之后，要面临很多前所未见的问题。这时候，如果单靠创业中积累的那些管理经验往往就不够用了，他还要有更为高远的谋略和眼光。而这些，以往的经验是无法给他的，只能靠扎实的读书和学习。

冯仑曾说："其实人和人在肉体上没什么差别，都是100多斤肉，从生物学的角度上说都是一样的，差别是在灵魂上，你的精神世界有多大，你的视野就有多大，你的事业就有多大。我认为，一个人事业的边界在内心，要想保证你事业的边界不断增长，就必须扩大你心灵的边界，那么，学习是唯一的途径。"

这并不是在镜头面前的客套话，而是冯仑内心的真实想法。冯仑是将生命当成一本书的，他要做的就是不断地充实自己，依靠学习让自己变得更加深刻，拥有更强的理解能力，从而能够读懂生命这本书。他也认为，在读懂生命之书的过程中，所经营的企业也就不会遇到什么困难了。这就是冯仑的经营管理之道，靠知识武装自己，打好商业战争。

冯仑爱读书，也会读书。其实很多像冯仑一样的成功人士，也是有阅读欲望的，不过他们总有很多烦恼。第一是觉得没有那么多时间，第二是不知道该读什么书。所谓的不知道该读什么书，并不是自己没有一个阅读范围，而是现在的各类图书太多，鱼龙混杂，没有一个很好的筛选办法，通常是拿起一本书，读了几十页发现枯燥无味，毫无营养，只能放下。而在这个过程中，时间和精力已经浪费了。

在这方面冯仑有自己的办法，他说，挑书的时候，要"看头看尾看书评"。这样就可以分辨什么是好书、该读的书了,而且有些书经过这样的一番考察之后,就已经明白里面说的是什么,不需要整本阅读也能体验到其中的妙处。这是一个既省时间又有效率的方法。

冯仑读书的时候还特别注重体验。他说:"要把读书看成你延续生命的一部分,你就会做到无时无刻不读书,不必红袖添香才夜读书,每天通过读书滋润你的身体和心灵,让读书成为维持你生命的养料……"

这种将读书视为生命延续的观念,自然更有利于读懂书、读通书。正是靠着从一本本书中获得的知识,冯仑才可以在竞争激烈的商场中游刃有余。要知道,知识不仅能丰富人的头脑,还能让我们的生命升华。一个管理者,尤其需要这种升华。也只有升华之后,才能将各种局面掌控在手中,才能让各路人才为己所用。这就是读书的好处。一个企业家,如果将生命当成一本活的书,他的企业必然会走得更远。

## Business Develop

王石是一个渴求知识的人,他通过读书不断充实着自己。在很多人看来,万科已经非常成功了,而创造了这个成功的王石,并没有去潇洒玩耍而是选择了继续读书。他去了美国的哈佛,再一次走进了校园。

对于一个成功的企业家来说,想要拿出一段时间读书,尤其是走进校园去读书是非常困难的。因为他有很多事情要做,公司的很多事要处理,有些重要的客户要接见,如果市场出现变动了,那么他还要负责制定新的战略。不过这些都没有难倒王石。他虽然是大集团的掌门人,但并没有丢弃朴素的作风,依然能够像一个刚刚起步的创业者一样,有着一颗肯吃苦的心。

在哈佛进修期间,王石仍然经常参加公司的会议。不过因为国内、美国两地来回跑太耽误时间,所以他一般都是用远程视频的方式参与会议。这样虽然节省时间，但也耗费精神。如果在国内，能够第一时间掌握情况，那么处理起事情来自然会压力小一些。而这种远程操控的方式，自然要花费更大的精力。不过王石的过人之处就在这里，他虽然有繁重的工作，但学习上并没有落下。

王石是一个名人，自然有很多人邀请他参加各种活动。不过在读书期间，他都推掉了。回忆起那段日子，王石说："接受邀请会有很多，你时间就浪费了。在这儿就是时间不够，学语言就占了半天，主跟两科，阅读有关书籍资料至少两个小时，还要把握行业、万科、NGO动态，每天至少一个小时的国内通话。算算，哪还有时间应酬？在哈佛的人都很忙，也没时间应酬……"

一个在学校进修的职业学生，过这种生活其实并不是太难。可是一个进入社会多年，尤其是在事业上已经很成功的人，想要重新回到这种生活当中，就要靠一定的毅力了。相信很多身在职场的人都有体会。当忙完了一天的工作之后，最想要的就是彻底的放松和休息。可是这时候，王石还要去学习。这份毅力，是一般人所没有的。也正是因为拥有很多别人不具备的品质，王石才有了那么高的成就。这是他的能力，也是他的竞争力。

这种活到老学到老的精神，正是王石成功的原因之一。当今是一个变化迅速的时代，也是一个知识爆炸的时代。在这个时代中，各种新观念、各种新知识迅猛而出。当这一门还没有掌握的时候，新的门类已经出来了。在这样的环境中，想要做一个好的管理者，想要让自己的队伍走在别人的前头，自然要有一颗清醒的头脑，要有丰富的知识。这是对一个管理者的要求，也可以说是对一个现代人的要求。

最成功的管理是管理自己，最好的发展其实也是发展自己。管理者只有自身获得提高了，他的团队才有更大的竞争能力。

读书其实不是在读别人的故事，也不是在了解别人的看法，而是通过对别人的解读发现潜在的自己。只有将自己的潜能通过读书的方式发掘出来，一个人才能获得更大的成就。

## 不走权贵路，
## 不找二大爷

我认为市场经济这么搞下去，最后好人应该能有最多、最大的机会。

在小公司的时候，人容易学坏。因为什么？困难太多太多，每一个困难可能都是学坏的理由，每一次增长都可能有一个堕落的机会。但是，你能不能挺得住？从房地产行业来说，非常有意思。到目前为止生存下来的都是走市场路线的、走产品和服务路线的，同时不走所谓权贵路线，不去找他二大爷。凡是走权贵路线的，然后靠政府，有灰色交易的，这些房地产公司反而长不大。可能在一个项目上赚钱了，接着就会被拿下去。做房地产有一个特别有趣的事叫作从哪里拿到钱又从哪里还回去，你从地上拿到的，最后土地出了事又还回去。

人生在这个阶段，也就是在小企业快速成长的阶段有很多突破瓶颈，遇到很多诱惑的时候，怎么样坚持自己的价值观？而这个价值观，简单来说就是学好。

我们自己的公司，当然也是面临这些选择，我们就选择好人、好事、好钱，学先进、傍大款、走正道，反正一句话我们就是做比较笨的人。因为比较笨的人往往竞争少，聪明的人竞争太多。当别人都去做一个非常投机的机会，不去做产品，而是在中间倒腾的时候，看似很容易，但竞争的也多。你吭哧吭哧做一件事很慢的时候，竞争者很少。聪明的人都是不断移动的，只有笨的人才是在一个点上不动，是执着的人。在这个阶段，执着，而且选择正确的价值观，以好人的心态做这件事情，很容易就活过来了。

——冯仑在"华夏之星"中国小企业公益大讲堂上的讲话

## 延伸阅读

一个企业的好坏和发展前景，不仅在于是否选择了一个好的行业，更在于企业家是一个什么样的人。很多时候，做企业首先就是做人。如果是一个好人，走的是正道，那么即使在一个竞争激烈的行业中，他的企业一样能够生存。如果一个管理者只想靠钻营和欺骗来发展自己的企业，那么即使在一个竞争不激烈的行业内，一样会失败。

冯仑就是一个这样的人，他不光在演讲中说企业家要做一个好人、要讲诚信，事实上他也确实是这么做的。通过冯仑的话，我们可以看出，万通地产虽然跟行业的龙头万科还有些许的差距，不过也算是信誉非常好的。正因为没有污点，所以他们的项目在审批的过程中，会比一般的公司更快。这就是信誉的价值。

关于信誉，冯仑还有另外一个故事。有一次，冯仑想要参与一个美国的项目，可是进展并不顺利，对方好像并不是很急于跟他合作。在这点上，冯仑开始是觉得有些恼火的，觉得那些美国人对他的钱不是很尊重。在冯仑看来，自己的钱是辛苦赚来的，现在要跟你们做生意，最起码你们要给我一个尊重。可是后来他发现，对方不是无意跟他合作，而是在考察他。

对方考察的内容就是冯仑的信用。他们先是查看了冯仑在海外的信用卡是否有不良使用记录，然后又通过多方渠道，打探冯仑在国内经营公司的时候，是否有过税收问题。在合作方眼里，这些都是决定一个人、一家公司是否值得合作的重要条件。当他们认为这些都没问题之后，就是最后一关了。看这个人在朋友中是否有威信。

美国人采取的方式有些特别，他们给冯仑列出了一个名单，上面自然都是冯仑认识的人，然后让冯仑将这些人招来。意思是看他在朋友中是否有信用，人们是否愿意听这个人的话，给这个人面子。冯仑看了名单之后，就给上面的人打电话，结果那个人来了，然后待了一会儿，就这样，考试过了。之后，他们又想要确认冯仑是不是好人，于是找一个他熟识的人去问，得到的回答也很满意。就这样，冯仑彻底过关。

经过了这么一系列的折腾，正式开始谈生意的时候，已经是第三个年头了。不过让人稍感欣慰的是，虽然前面折腾得很久，但真正谈到合作的时候，对方对他还是很信任的。

这件事给冯仑的触动很大，不仅是因为折腾了这么长时间，他感觉很疲惫，还因为通过这件事，他明白了一个很深刻的道理。

开始的时候，冯仑对对方是有些不满的，因为他觉得对方对他的钱不够尊重。在冯仑看来，你们要做生意，找的是有这个资金储备的人。那么，我有这个储备，你们就应该给予重视。不求一定能够做成，但应该有诚意。这是起码的尊重。但是，对方没能做到这点。不过对方后来的做法，冯仑也是理解的，因为谁都想找个靠谱的合作伙伴。他们的做法虽然折腾，不过也在情理之中。等这件事彻底结束的时候，冯仑调整了自己的看法，他觉得，一个人总觉得别人要尊重自己的钱，但是大多数时候，人们真正尊重的，其实是你这个人的品格。也就是，有钱未必能够得到别人的尊重，但如果你是一个好人，那么不仅生意伙伴会尊重你，社会上也会尊重你。有了这份尊重，你的企业也会信誉大增，从而能够更好地开展业务。

因此，很多时候，想要做好企业的前提，就是做一个好人。

## Business Develop

在高科技企业中，近两年发展最迅速的怕就是小米手机了。他们的产品之所以面市就获得巨大的成功，靠的就是品质。小米跟一般的企业不一样，在这个处处强调现代化、强调新营销方式的时代，小米靠的则是最原始的传播方式，口碑传播。也就是经由用过小米手机的人口口相传，从而让广大群众熟知。

这种方式是很有效果的。人们都有这样的感触，电视上的广告虽然华丽，但是当真正选择产品的时候，能影响自己决定的，往往还是身边朋友、同事们的建议，如果那人体验过，就更有说服力了。当然，这种营销方式虽然好，但也是要靠产品的品质做支撑的。如果产品的质量不行，公司的信誉不佳，那么选择口碑营销，就是自寻死路了。小米能成功，靠的就是产品的质量和公司的信誉。他们能做到这一点，跟小米的领军人雷军是分不开的。

雷军是互联网界的名人，他入行很早，在行业内摸爬滚打了十多年，最开始的时候虽然也有不俗的成绩，但一直没有获得巨大的成功。尽管如此，但他并没有放弃追求。他有自己的理念，觉得只要做一个好人，做一个好企业，有信誉，那么迟早能够得到自己想要的。

雷军不仅是一个企业的领导者，也是一个著名的投资人。在选择投资对象的时候，他秉持的也是这个标准。

一次访谈中，雷军曾说明过自己的理念，那就是诚信是第一位的。不仅自己在做企业的时候追求诚信，在投资时，选择投资对象也要看对方的诚信度。

  他说，创业失败是很正常的事，没有哪个领域或哪个人能够保证只要创业就能成功。而他很多时候，也会给那些创业失败的人进行第二次投资，让他们有一个东山再起的机会。在选择对谁进行第二次投资的时候，他看的就是对方的人品和诚信度。

  雷军举了一个例子，他曾经投资过一个公司，给了对方 50 万，那个人自己也借了很多钱，最后筹到 180 万，结果都赔了。那个人又去找雷军借钱，希望获得再次投资。雷军对他说，你把之前的钱都赔了，那么你在我这里就没有百分百的信任了，我会觉得你的能力方面有一定的问题，而且之前有些事情你做得也不能让我满意。那个人听了之后很是惭愧，真诚地向雷军道歉。鉴于他这种诚恳的态度，雷军决定再帮他一次。

  这就是雷军的选择了，一个人做生意赔了，说明这个人能力可能有问题，当然也可能是外部因素造就的，他无法选择。但是他懂得反省，知道道歉，这就说明他的人品是没问题的，他是个好人，懂得承担责任。这样的人，是值得给他第二次机会的。

  在雷军看来，做好人是做好企业的前提。所以他愿意投资给好人，也愿意做一个好人。

## 决定伟大的力量就是跟谁一起做

> 决定伟大的力量就是跟谁一起做。

另外一个决定伟大的力量就是跟谁一起做。你是花了很长时间，但不是和伟大的人一起做，这件事就会沦为平凡，和英雄无关。我在纽约做世贸项目的时候，有一个极强的印象，所谓创造历史，就是在伟大的时刻、伟大的地点和一群伟大的人做一件庸俗的事。具体行为都很庸俗，讨价还价，只是时间、人物、场合是伟大的，结果这些庸俗的事改变了历史。

相反，普通人是在平凡的时间、平凡的地点和平凡的人说着伟大的事情，不改变任何社会，也不改变任何人。要想成为伟大的人，要选择伟大的时机、伟大的伙伴，但是具体事情要非常庸俗地按规矩操作。

比如生意伙伴，是和微软做还是和万通做呢？你和微软做成为伟大的机会可能多于和万通做。所以我们说要学先进、傍大款、走正道。永远找比自己优秀的人一起做事，不要怕别人不带你玩，你只要天天追着先进走，老师一般不会慢待、薄待学生，这叫学先进，傍大款就是总找公司实力比你强的企业；然后走正道。你身边如果都是这些人，你也就跟着伟大了。所以伟大的第二个力量就在于你的合作对象。

你选择了好的伙伴，然后以足够的时间做一件常人还看不到结果的所谓不正确的决策，就有机会成为非常伟大的人。所以伟人讲过一句话，一个伟大的领导人不仅仅是敢于坚持原则，而是敢于坚持错误的原则，错误到头了，真理就出现了，讲的就是敢于坚持一个别人没看到的东西，靠时间把这件事颠覆过来，同时团结一些伟大的人共同完成这件事。

——摘自《野蛮生长》

**延伸阅读**

随着科技的进步，行业划分越来越细致了，细致化的行业划分之后，对人的要求也改变了。在以前，一个人可以做很多事情，比如要做家具，一个人就可以完成，但现在要很多的环节拼接到一起才可以。这样就对人提出了新的挑战，需要一个人有极强的团队合作能力。这样是否能够很好地跟人打交道和认识多少人，便显得非常重要了。

不过，很多人知道这两者很重要，却不知道该如何去做。在这一点上，冯仑做得就很好，他不仅乐于跟人打交道，还有一套自己的理论。冯仑觉得，圈子决定未来是有一定的道理的，但也要看是什么样的圈子。一个人，如果想要享受高高在上的感觉，就要跟不如自己的人在一起，这样身边的人都觉得自己厉害，就可以满足虚荣心了。可是，如果一个人想要干出一番事业来，想要学习更多的东西，就要懂得跟强者来往。找一些比自己强，或者跟自己旗鼓相当的人做朋友。这样，在跟朋友聊天的过程中，就可以学到很多东西，获得很多启示。冯仑一直认为，跟伟大的人在一起，是可以让一个人无限接近伟大的。

冯仑的朋友很多，有商业上的伙伴，也有同行，不过无一例外都是知名的企业家。早在创业初期，冯仑就听人说过王石，说他领导的万科是一家很牛的企业。冯仑觉得一个人可以做到这样，一定有其过人之处，于是他便想办法认识了王石。两个人见面之后，一聊天，果然都觉得对方是很厉害的人，于是便成了好朋友。在王石那里，冯仑获得了很多启示，学到了很多的东西。

在很多次演讲中，冯仑都提到过跟王石的交往，而且在观察王石的管理之道的时候也获得了很多心得。比如他看到万科的专业化发展方向，觉得好，于是自己也朝着那个方向努力。除了王石之外，像柳传志、马云等也都是他的朋友。冯仑还经常组织这些人聚会，在聚会中彼此畅所欲言，说些生意上的经验，同时也分享彼此的资源，以及对未来的看法。冯仑曾说，他们这种小范围的论坛式讨论比那些媒体所做的大型企业家论坛等，有深度多了。

这就是一个人的聪明之处，他知道自己想要什么，更知道如何得到自己想要的。他明白，跟伟大的人在一起，能让自己也无限地接近伟大。如果跟一群伟大的人在一起，那么本身就是一种伟大了。

不仅在跟人交往上冯仑是这个态度，在做事的时候也是一样。

冯仑曾经参与纽约的一个项目，在那个项目进行的过程中，他也学到了很多东西。事后，冯仑曾说，做这样一个项目，不仅在于赢利，更重要的是看到了纽约当地的公司是如何做房地产的，从中也深刻理解了人们常说的美国模式到底是什么，有哪些优点。将别人的做法跟自己的做法相比较之后，可以发现自己的不足，发现别人的长处，然后将自己的不足改掉，将别人的优点复制过来。这样，自己的公司就离成功和伟大更近一步了。

一个伟大的人，一定是爱学习，有着谦逊的态度的人，他们能够发现别人身上的优点，然后将之变成自己的优点。集所有人的优点于一身的人，一定是一个伟大的人；集所有企业的优点于一身的企业，必然是一个伟大的企业。

## Business Develop

古语说，鸟随鸾凤飞腾远，人伴贤良品自高。一个人跟有能力的人在一起可以很快地成长，一个企业也一样，跟优秀的企业合作，就可以快速地发展。

不久前，苏宁发布了一个消息，说"苏宁云台"正式上线。苏宁的这一举措是想要抢占网络销售的市场份额。

苏宁是电器零售业的巨头，一经成立之后就迅猛发展，取得了不俗的业绩，其品牌门店遍布全国，是百姓眼中的明星企业。不过，随着互联网的普及和发展，苏宁也受到了挑战。如今，更多的人都选择网上购物，这种消费习惯的改变让苏宁这种以实体门店为主的公司感受到了压力。不过，苏宁也并没有坐以待毙，很快也发展起了自己的电子商务网络。

可是，因为进入较晚，虽然苏宁的网络购物也很方便，但跟其他几个大型的电子商务网站比起来还是有一些劣势的。正是基于这一环境压力，苏宁开发了"苏宁云台"，意在扩大影响，争取更多的用户。

苏宁的这次商业行为，让广大用户感兴趣的是他们的选择方向。苏宁这次秉承的是高起点，向用户提供优质服务，初期选择的商户，都是经过筛选的知名品牌。这一做法的思路就是，跟好的企业一起共事，也会让自己越来越好。

一家有远见的公司，一定是不甘平庸，不想止步不前的公司。他们不仅看重利益，更看重品牌和长远的发展。这样的公司在选择客户的时候，单笔的利润并不是最重要的目标，而是看跟对方合作能给自己的品牌建设带来多少好处。而往往这种并不是以利益为第一目标的行为，能让公司获得最多的利润。这就是聪明者的聪明之处，他们不从利益出发，但总能获得最多的利益。

  作为一个管理者，要的就是这种能力，要能够分辨出怎么样的做法是对自己更加有利的。这样的管理者，想的是跟伟大的公司合作，其结果必然也是让自己无限地接近伟大。

## 给"英雄"
## 写信，向胜者取经

不断学习成功者的优点，是成功者的基本素质之一。

我有一个病根，从小就喜欢学先进，在小学、中学、大学都好给中国最牛×的人写信，那个时候没别的办法联络这些人，只好写信。小时候，我写过很多信，包括给黄帅都写过信。有的人理我，大部分人都不理我，但我不气馁，报纸上每登出一个"英雄人物"的事迹，我就写信跟人家交流。1976年夏天，我和一个同学到上海找那些人去学习取经，因为年龄太小，别人都不爱搭理我们，但我们仍然激情澎湃，奔走不停，逮住"先进青年"就学。所以，1993年，我提出一个计划，把中国的好公司列一下，明确自己的学习目标。我们列了个名单，然后就挨家挨户去拜访。"万科"这个名字是功权告诉我的，记得功权当时说："深圳有一帮小子，也是知识分子，开始折腾，做得特别规范。"这个名单中还有联想、四通、海南的兴南集团、港澳集团等。第一次到深圳是我跟功权一同去的。我们在王石的办公室见到他，我们在那里谈了一下午，谈了很多。当时的谈话留给我的印象非常深，因为我们是热血青年的谈法，不谈别的，就谈自己的理想。聊的过程中，王石就提了很多问题，归结起来主要是两点：一是质疑我们的理想主义激情，建议我们想清楚，我们6个人合作，究竟是建立在利益的基础上还是理想的基础上的。我们当时比较相信自己是建立在理想基础上的事业伙伴，但王石说："不可能，你们将来早晚会碰到利益冲突。"再就是多元化和专业化的问题，他主张我们专注于房地产。

对于那次谈话，我总的感觉是，我们的想法和王石的想法有很大的不同，因为他已经走过来了，他比我们起步早，今天回过头来看，他比我们足足早走了7年，所以他看得更清楚；而我们那个时候刚开始，很多矛盾、很多分歧、很多问题并没有那么显见。

——摘自《野蛮生长》

**延伸阅读**

冯仑是一个很爱学习的人，他不仅从书本中汲取知识，也懂得从别人身上学习优点。在没有工作的时候，冯仑最大的爱好就是阅读，而在生意上遇到难题的时候，他也总是去阅读，冀图从书中找到答案。

在一般人眼中，企业家是不需要读太多的书的，甚至有的企业家直接主张企业家不需要读书。但冯仑不这么看，他不仅读书，还在经商多年之后考取了博士学位。可见冯仑对学习的重视。

冯仑从小就有从优秀的人身上学习优点的习惯。他自己在文章中披露小时候就愿意给一些名人写信，向他们学习，虽然很多并没有得到回应，但并不影响他的热情。因为对他来说，给名人写信提出问题想要得到指教的过程，本身就是一个思考的过程，也是一个提高自己的过程。

在经商之后，冯仑也没有丢掉这个习惯。他并没有因为自己是一个成功的企业家就放弃跟其他的企业家学习。在很多场合，甚至在他的书中，冯仑都表示自己从著名企业家王石身上学到了很多。而且，他还曾提出，万通要以万科为学习的榜样，学他们的专业性和精细化精神。冯仑还说，万科在企业文化、战略规划等方面都做得很好，其中有很多是万通需要的，因此要向万科学习，将万科的优点都学到手。

不仅对于万科，只要是觉得好的，冯仑都会以一种谦逊的姿态进行学习。在一次访谈中，冯仑还提到凯德也是他们的一个榜样。冯仑认为，凯德是一家非常有竞争力的公司，在很多方面都做到了业界第一，万通应该以凯德为标杆，向他们学习。冯仑不仅是口头上表达了对凯德的欣赏，行动上也没有落后，他专门去了新加坡，到凯德的总部去参观学习。

在学习先进方面，冯仑的决心之大不是一般人能够想象的。在拜访凯德的时候，对方的总经理曾提到自己在一本书中写过的一些理论，回来后，冯仑就找来那本书，跟自己的同事一起看，共同学习。

而且，冯仑还特意聘请了一位曾经在凯德工作过的人，让他帮着管理公司的部分业务。这么做的目的，就是让他将凯德的一些先进经验介绍过来。

在很多人眼中，尤其是小有成就的人眼中，向别人学习是一件很没面子的事情，可是冯仑并不这么认为。他觉得只要是好的就要提倡，就要去学习，如果没有一种学习的心态，那么总有一天会被市场无情地抛弃。对冯仑来说，学习是一生的事情。

作为一个管理者，一个企业的领路人，不仅要让员工在工作中得到锻炼，自己也要不停地充电。只有不停地成长，才能让自己的工作可以更好地开展，也才能带领自己的队伍快速向前。

## Business Develop

在电子商务公司中，京东无疑是发展较为迅速的一个。京东之所以能有如此的成绩，不仅是因为抓住了时代的机遇，更重要的是有一个懂得充实自己、提高自己的领头人——刘强东。

刘强东是一个很爱学习的人。在京东成立之初，他就给自己确立了很大的愿景。他觉得，自己公司的发展方向无疑是亚马逊那种大的公司。于是，刘强东就开始研究亚马逊的崛起之路。亚马逊如今已经是一个综合平台，但是在最初，也并没有那么多的产品种类，他们是在成立的第二年开始大规模扩张的。亚马逊之所以有那么大的扩张能力，就在于他们紧紧地控制住了上游的供货链。刘强东也是按照这个套路进行操作的，京东刚开始的时候，走的就是亚马逊的模式，他们就是比对亚马逊进行发展的。

隔靴搔痒总是不能解决问题的，刘强东知道，光是靠外界的信息，想要真正了解亚马逊快速崛起的原因显然是不够的。因此，在京东发展初期，刘强东还亲自去了好几次亚马逊公司，亲自体验那里的环境以及氛围。在刘强东看来，充分地研究这个自己前期学习的对象，有一天一定会总结出适合自己公司的经营模式。

靠着这种不懈的学习信念和谦虚的态度，刘强东领导下的京东终于打开了局面，在国内电子商务领域的市场占有率越来越高了。

不过，虽然公司越来越大，但刘强东并没有因此而自大，他还在不停地充实自己，不停地学习。

刘强东是一个喜欢表达的人，也因此曾在网上跟很多人发生过争论。可是有很长一段时间，人们几乎看不到刘强东在网上发表任何言论。大家都以为这个新崛起的商业新星变了性格，其实不是，他是去美国进修了。

刘强东在美国大概进行了一年左右的培训进修。

在刘强东看来，美国的互联网行业比较发达，有很多可以借鉴的经验，而且在这个快速发展的时代，能够把握机遇的才是胜者，而想要在变化中找到机遇，靠的自然是一颗有知识的头脑。正因为这样，他才选择了去美国进修。

京东的崛起过程也是刘强东成长的过程，更是他不断学习的过程。在一个知识爆炸的年代里，知识的更新换代是极其迅速的，想要跟上这样的节奏，靠的不是一劳永逸，而是不断地学习，充实自己。学习不仅在于读书看报，参加各种讲座论坛，更在于向自己的同行甚至竞争对手学习先进的经验。古话说"活到老学到老"，当今正是一个这样的时代，在这个时代里，如果没有学习能力，也就等于失去了竞争能力。尤其是对于企业管理者来说，如果不懂得学习，总有一天会被时代所抛弃。

# 第八章
## 伟大源于管好自己,而非领导别人

真正的伟大不是向千军万马发号施令,而是不让内心衍生千军万马左右你的内心。

YOU ARE
STRONGER
THAN YOUR IMAGINATION.

成功是和自己的较量，
世界需要你的突围！

## 管理的秘密：
## 看见"似是而非"的，看透"似非而是"的

> 管理是一件既简单又复杂的事，既有看得见的条条框框，又有许多看不见摸不着的规则。

管理是一件既简单又复杂的事，既有看得见的条条框框，又有许多看不见摸不着的规则。如果对一件事情，能把它的潜规则说清，应该是智者和圣贤的工作。为什么？通常的人都只能看见、看到，看清楚、看明白，但只有圣贤和智者才能做到看破、看透和看穿。所谓看破、看透、看穿，就是能从事物的反面去看，而非只从正面去看。举例说，如果你能看到生，这叫看见；如果又能看到死，就叫看透。我看见人，叫看明白，但我还能看见"兽"和"鬼"，这叫看穿。所以，如果揭示出一些潜规则，不仅能看见正面的，也能看到反面的；不仅能看到阳光的一面，也能看到阴暗的一面；不仅能看到大家认为"是"的东西，也能看到大家认为"非"的东西；不仅能看到"似是而非"的东西，也能够看到"似非而是"的东西。这样一个"掰开了揉碎了"的过程，对于所有管理企业的人来说，无疑是打

开了另一个天地，展示了另一种境界，从而为大家开启了另一条发展的道路。

——摘自《和尚与庙》

**延伸阅读**

对一个企业来说，管理绝对是重中之重的。而且，这也是困扰管理者们的一个大问题，很多人的状态就是有很多的管理经验，在很多方面可以做得很好，但又一直觉得有些问题没有搞清楚，重要的是，这些问题是不好发现的。所以，可以说，很多管理者是既懂管理又不懂管理的。之所以会这样，就是因为没有弄懂管理的本质。其实，管理说难也难，说简单也简单。管理是没有秘密的，重要的是抓住本质，也就是冯仑所说的要看透、看穿。

关于管理，冯仑曾作过一个非常精妙的比喻，从这个比喻中可以看出冯仑对管理的思考，也能给管理者们很多参考和启示。

在冯仑看来，一个成功的企业就应该像一座庙一样。庙里常常会来遇到了麻烦的香客，他们跪在佛像面前，磕头、祈祷，并烧香、求签，也有布施。对于这座庙来说，这些香客就相当于客户。他们完成了一个祈祷过程之后，就会带着希望回家了，他们来的时候内心充满了凄苦，但走的时候大都已经希望满怀了。

庙里还有很多的小和尚，他们负责敲木鱼，点灯烛，早上将布施的箱子准备好，晚上再将之收回来。小和尚的作用就是为香客们服务，给香客们营造一个肃穆的环境，让他们相信这里可以给自己希望。所以，这些小和尚就相当于一个个产品经理，他们是大和尚与香客间的纽带，负责传递信息。

庙里的大和尚，也就是住持、方丈，就相当于企业家，他不出面，但是他的理念和给香客的祝福能通过小和尚很好地传达出去。而且，大和尚们还经常去建造新的庙宇，扩大寺庙的规模。其实大和尚所做的就是传递价值。他给香客的表面上是一包香灰，但实际上是一个希望。那香灰是不值钱的，可是这希望或价值就值钱了。正因如此，香客们才甘愿花费一定的金额来庙里讨香灰。当然，这个具体的操作过程是由小和尚去完成的。

香客回去后，自己的愿望可能实现了，也可能没有实现。不过他从不会怀疑，他的内心还是有很大的虔诚的。当下次有事情的时候他还会再来，继续祈祷、叩拜、布施，然后拿走香灰，带回希望。这就是客户的忠诚度。

在冯仑看来，这么类比下来，一切都变得简单了，但又一样深刻。所谓企业，就是让顾客带走一小部分的使用价值和绝大部分的希望。一个经理人就是为客户营造企业家所想要传达的价值。

所以，管理，不管怎么变化，其本质是不变的。只要做到给客户少部分的使用价值和绝大部分的希望的企业就是好企业。朝着这个目标去努力的企业家，就是好的管理者。选对了方向之后，路怎么走也就简单了。这就是管理，没有任何秘密，抓住本质之后，一切一目了然。

真正的管理之道，不在于具体的做法，那些都是细枝末节。某一个主意再巧妙，某一项制度再精细，也难以支撑一个企业，更难以成就一个企业家或管理者。真正懂得管理的人，一定是发现了正确的方向，找到了管理的真谛的人。这样的人，自然能够找到具体的路。如果没有把握这个大方向，那么即使有再多奇妙的点子，依然是不行的。因为某一根柱子再坚挺，也不足以承载大厦的重量，真正支撑起大厦靠的是坚实的地基。做好管理，应该将工夫花在管理之外的地方。

## Business Develop

雷军是小米科技的创始人,近两年他带着自己的团队为客户制造了一个又一个惊喜,靠的就是先进的管理模式。

雷军是一个非常聪明的人,也是一个有着丰富的管理经验的人。在成立公司之初,他花费了绝大部分时间去寻找人才,他知道,只有手底下的人才足够,才能够创造出大的业绩来。

有了足够的人才贮备之后,就是制度的建设和日常管理了。雷军强调管理扁平化,也就是给员工足够的自由度,让他们有自由发挥的空间,而自己尽可能少干涉。这样,员工的创造力就被充分激发出来了。

在利益分享上,雷军也采取了一系列措施。他建立了一个透明的利益分享机制,将所有的东西透明化、公开化。这样公司内就少了猜疑,生出了彼此之间的坦诚和信任了。

此外,雷军还强调责任感。小米创建以来,从来没有设立过打卡制度,也没有 KPI 考核制度。他们强调的是责任感,在小米公司,每一个员工都要把别人的事当成是第一重要的事。雷军还举了一个例子,比如一个工程师将代码写完了,那么就要让另一个工程师来检查一下,这时候那个工程师不管多忙,都要停下来先做这件事,等检查完了再去做自己的事情。雷军之所以要建立这样一个企业文化,为的就是培养员工的责任意识,一种高度为别人负责的责任意识。他觉得,只有员工有了这样的责任意识,才能将客户的需求放在第一位,才能够在意客户喜欢的价值。

雷军的这一做法确实是有效的,小米公司的产品的确备受用户喜爱。而且,小米给用户的不仅是产品的使用体验,还致力于跟用户交朋友。

在跟客户交友方面,小米做了很多尝试和努力。比如在客户投诉或者向客服抱怨的时候,客服人员有权决定是否送客户一些小礼物以平息对方的情绪;微博上关于客户的意见必须第一时间回应,等等。

雷军的这种做法,触及到了管理的本质。他们是在向客户传递价值,在给客户营造情感的归属。而小米手机的用户群体也确实是黏度很高的,他们不仅自己用,也会推荐给身边的人用,这一用户黏度就是小米坚持向用户传递价值的直接结果。

每一个企业的成功,都是有迹可循的。如果将成功公司的做法全部汇集起来,就会发现其中有很多的共同点。这些共同点,有一个就是向客户传递价值,给客户一种希望和愉悦的体验。这就是管理的本质。知道了这点,管理也就不再有秘密可言了。只要全部的工作重心都围绕这一主题,那么,总会有成功的那一刻。想要做好管理,不在于花费了多少精力,而在于站在哪个角度思考问题。如果站在全局的角度,从管理的本质入手,那么,管理就是一件很轻松的事情。

## 管理并不是管别人，而是先管好自己

公司领导者管理自己永远比管理别人重要，行为管理、行为矫正的关键是校正自己的行为。

经常听到一些领导抱怨公司没人，但查看他的日程表，几乎没有和猎头公司、潜在可以挖来的人的见面时间。问题究竟在哪儿？一边把自己忙得够呛，一边抱怨没得力的人，如果把精力放在找人上面，管理好自己就会有人来。起初我也这样，近几年我和猎头公司保持联系，没事就找人，就当交朋友。企业家、高级管理人与猎头的交流时间必须在日程表中安排出来，优秀的人需要自己去找。

还有一个例子，应能分清什么是重要的事和紧急的事。比如，客户投诉是紧急的事，但员工没有权力，只有老板可以做主；虽然问题一下解决了，老板很有成就感，他却做了别人的事。重要的事是建立制度，设定服务章程。管理自己，就是做重要的事，也就是管理自己的事。紧急的事，通常都是管理别人或代替别人管理的事。学会管理自己，就会变得很从容，因为把重要的事（公司战略、员工培训、制度建设）都做好了，剩下的事员工自己就能处理了。我们公司6年前客户投诉比较多,局面很乱,后来下决心建立了3个层次的客户系统,顺利分流,现在80%的问题在部门以下就解决了,到经理层面的也就20%,需要我直接处理的紧急事件每年也就一两件。

公司领导者管理自己永远比管理别人重要,行为管理、行为矫正的关键是校正自己的行为。

——摘自《人的管理与管理的人》

**延伸阅读**

提到管理,很多人想到的都是如何管理手下的员工,怎么样让他们更好地投入工作,更有效率,很少有人想过,其实管理并不是管别人,而是先管好自己。在这方面,冯仑的认识是很深刻的。

冯仑一直强调,管理第一就是要管理好自己,伟大的人就是能管好自己的人。他不仅是这么说的,也是这么做的。

在万通的发展史上,有很多关键的时刻。每到关键时刻,冯仑都很好地带领企业度过了,并取得了不俗的成绩,靠的就是一种强大的自我管理能力。

冯仑是一个自律性很强的人。在进入房地产行业初期,他就曾给自己做过规定,要走正路,不走邪路。万通地产创建的时候正是改革开放初期,那时候,很多制度还不是很健全,而且人们刚刚开始进行商业运作。很多人选择了用一些见不得人的手段来扩张公司,但冯仑他们没有,他们觉得,这样做或许可以在短时间内积累大量的财富,能够让公司快速扩张,但毕竟不是正路。于是,他们选择了在阳光下稳健发展。虽然万通也有一段存在扩张过快的问题,但这种扩张也是在阳光下进行的。正因如此,万通才有了今天的信誉。冯仑曾经说过,他们在申请项目的时候,批文下来的时间要比其他公司快两三个月。之所以如此,靠的就是他们公司的信誉。因为信誉良好，所以证监会会省去很多项目，这是对一个好公司的信任。

在外人看来，冯仑他们当时的做法是简单的，不过就他们自身来说，做出那种选择并不简单。在公司大把进钱的时候，自己放着轻松的路不走而缓慢前行，需要的不仅是强大的自制力，还要有道德品格支撑。在利益面前人们最容易迷失自己，而那些抵住了利益诱惑的人，自然都是管理自己的能手。

从这点可以看出，管理自己有多么重要。一个企业家，管好手下的员工，能得到的仅仅是比别人效率高一点。可是如果管理不好自己，带领公司走上了一条错误的路，那么就是灾难了。

管理，从来都不是简单的事。想要做好，必须要抓住其本质。要明白，管理是为企业的发展服务的，而企业的发展，高层比中层和普通员工起到更大的影响。所以，管理也应该是从高层自身入手。一个企业中，只有决策者做到了自律，企业才会有更大的生存和发展空间。如果管理者做不到这点，那么即使对普通员工管理得再规范，公司一样无法得到良好的发展。

## Business Develop

王石是一个优秀的企业家，也是一个卓越的管理者。他的管理才能不仅在于能管好庞大的万科集团，还在于能够很好地管理自己。他不仅能管理好自己的时间，还能很好地管理自己的行为。这一点，是很多人无法做到的。

在中国的企业家中，王石应该算是活得非常潇洒的了。在其他人埋头于如何管理企业时，他已经将公司打理得井井有条而去登山了。他能有这份潇洒，靠的就是一种强大的自我管理能力。这在他登山的行为中体现得非常明显。

在登山的过程中，王石的自我约束能力是极强的。他一般说几点进帐篷睡觉就会几点进去。很多人会因为跟队友聊天聊得兴起而一时不想去睡觉，但王石不一样，比如他计划5点睡觉以保养体力，那么不管跟大家聊得多么开心，到时间他就会去睡觉。在饮食方面也是一样。登山队员吃的东西，味道一般都不怎么样。有些人遇到不好吃的或者不愿吃的就少吃甚至不吃。可是王石不在乎，不管如何难以下咽，只要是对增强体力有帮助，他都会吃进去。

正是这份自我控制能力和良好的时间体力规划，让王石能够登上其他人登不上的高度。很多跟他一起登山的朋友，在前半程的时候体力都是十分充沛的，表现得也都很好，可是因为不懂得如何节省体力，登到一半的时候，就再也没有力气往上爬了。但王石并不存在这个问题。这就是王石的自我管理能力。

在做生意方面，王石也是如此。万科秉承的是专业化和精细化，他们有自己钻研的领域。而且，这个领域之外的业务，王石是坚决不去碰触的。哪怕再有诱惑力，他也不会去做。在王石看来，一次没有严格遵守自己的原则，就会有第二次。从事不专业的事情，这次或许因为运气成分可以赢利，但并不能保证下次也是如此。多次做这样的事情之后，总有失败的那一天，到那时后悔就晚了，还不如开始就不去做。

如果说万科是成功的，那么王石的自我管理能力必然是其成功的因素之一。一个企业，如果管理者是不能自制的，经常犯一些错误，那么发展也就无从谈起了。如果这个企业的领跑者是一个懂得自我管理，能够克制自己的人，那么必然能够带领公司走上正确的路。

一个管理者，要想让自己的团队有高效率，必须学会管理好自己的员工。可是，如果想让自己的团队有更大的发展，有更大的作为，那么他要做的一定是管理好自己。因为管理者决定着团队的发展方向。不管什么样的团队，发展方向总是比内部合作更重要。因为哪怕你的团队效率再高，走在一条错误的道路上，一样是无法成功的，甚至会因为你们走得过快而让团队过早地遭遇失败。

管理，重要的不是方法，而是对象、是方向。管理中最忌讳的就是将自己置于高高在上的位置，对别人指手画脚。只有低下头，先从管理好自己开始，才能真正做好管理。

## 管好三个钱包：
## 守住第一个，放大第二个，调整第三个

管理好企业的前提，是管理好自己的钱包。

人（扩大说也可以指一个公司）一生会有3个钱包，他可以使用3种钱。一个是现金或资产，这些东西是物化的，可以看到。比如在银行存了100万，还有100万房产、100万股票，这是一个钱包，是可以计算的钱包。多数人每天在算的就是这个钱包。第二个钱包是信用，别人口袋里的钱你能支配多少。比如我给某某打电话借100万，结果下午钱就到账了。虽然这个钱在法律上是不属于我的，但是我能支配的，这种钱比较难度量，它是抽象的、虚位的。在你急难的时候，你可能借到这笔钱，这是信用的钱包。第三个是心理的钱包，有人花100万，觉得挺少的，因为他有1个亿；有人只有10000块，花了9999块，心想完蛋了，要破产了。同样一种花钱方式在不同情境、不同心态下，你感觉钱的多少是不一样的。比如，在困难的时候，1块钱对你而言可能顶100万；当你有1个亿的时候，就觉得100万也似乎不是钱，尤其是在和平环境、生活无忧的时候。

所以，人一生就在不断翻动着这3个钱包里的钱。第一个钱包里的钱是最容易度量的，也比较易于管理，就像煤球，踢一脚就踢一脚，脏了烂了反正都是那么一堆。第二个钱包是最难管理的，信用资产是飘在天上的氢气球，它可以飞得很高，但也很脆弱，一扎就爆了。所以越伟大的公司，越害怕投诉，越害怕有人扎他的"气球"。好的公司好的人用了别人的钱，用得多了也自然有人要监督你，所以第二个钱包轻易不能打开；但是不打开调动的资源又有限；资源调动得越多，信用越大，你也越脆弱。所以，公众公司容易被丑闻打倒，而私人家族公司反倒不怕。第三个钱包实际是心理感觉。有两种感觉决定钱包的大小，一种是情境的变化，顺利和困难时支出钱的多少会让人有心理反差；第二种取决于钱的稀缺程度和它在你心里实际占的比例，而不是绝对花了多少钱。同样都花100块，一个占50%，一个占10%，是不一样的。人一生在调配钱包的时候，实际是每天都在算3个钱包。做一个好的企业，是要放大第二个钱包，调整第三个钱包，守住第一个钱包。守住第一个是根本，放大第二个来促进第一个钱包的增长，最后是调整心理预期和实际的风险控制，不让自己处于高风险的地方，让心理钱包总是很平衡。如果预期脱离实际，你的心理钱包老是不稳定，就会做出急躁的决定。

——摘自《人一生的三个钱包》

**延伸阅读**

企业的目的是赢利，但企业家的目的不应该仅仅是赢利这么简单。企业家是要有梦想的，也是要有担当的。而想要实现梦想和担当，首先要做的就是理清对钱的态度。作为一个企业家，不仅要知道自己有多少钱，知道如何赚钱，更要知道怎样花钱，还要明白钱的特性。

冯仑的金钱观就是很有意思的。在他看来，一个企业家应该有3个钱包，这3者各有特点，也各有用途，更是应该用不同的态度去面对。

冯仑经常会给创业者一些指点，在如何看待钱这个问题上，他也说过很多。在冯仑看来，一个创业者首先要满足一个条件，即他的第一个钱包一定要是满的，至少要够用，也就是创业首先要有本钱。如果没有本钱，而是靠借钱创业，那么就会有很多不方便的地方。第一就是，借钱也是有利息的，即使是向朋友借，对方不收利息，那也是要欠人情的。最重要的是，这笔钱会给人带来一定的压力和负担。有人觉得这份压力和负担可以催人奋进，让创业者绷紧神经，更加努力。实际上，压力也有不好的一面，有这份压力在，创业者往往会更倾向于冒险，而冒险对一个创业者来说是大忌。

企业创建之后，就要开始琢磨赚钱了。在这个阶段，冯仑给出的忠告是，不要先想着如何填满自己的第一个钱包，至少是不能只想着如何填满第一个钱包，还要想着如何让自己的第二个钱包鼓起来。对于初创的企业来说，往往都会尽最大可能地追求利益。这种做法无可厚非，但更重要的是，要想着如何建立信用。如果信用建立起来了，那么企业的发展也就有保障了。这是企业长期发展的基础，更是让企业发展壮大的必要因素。

接下来就是第三个钱包了，也就是对钱的态度。人应该看重钱，但不能只看重钱，该舍的时候就要有舍的精神。有人说，选择的关键不在于想要得到什么，而在于能够舍弃哪些。经营企业也是这样。一个有舍的精神的人，不会被失败打倒，因为他在决定上马一个项目的时候，就已经想到了可能出现的困境，并能坦然接受这些了。这时候，如果这个项目有了问题，他不会后悔,更不会萌生退意。这样他就能坚持下去,这份坚持就是企业成长的保障。

作为一个企业家或管理者,要做到的就是理性看待自己的3个钱包,只有将这3个钱包的位置摆正了,才能让它们不断鼓胀,让企业发展得越来越顺。这是一个企业家的能力,更是决定一个企业大小的重要因素。

## Business Develop

一个企业家,不仅要有强大的管理能力和前瞻性眼光,还要懂得如何支配钱、如何赚钱、如何管理钱。古话说,吃不穷、穿不穷,算计不到就受穷,也是这个意思,钱不在多少,关键在于管理和经营。一个管理钱的高手可以用钱生钱,而一个不会管理钱的人,即使再富有,一样会有没钱的那一天。

在对钱的管理上,比尔·盖茨很有经验。盖茨是一个有钱人,但并不乱花钱。他平时很节省,凡事都有算计。他不仅在个人生活上如此,在经营公司上也是一样。而且,他还经常教导自己的员工,给他们灌输正确的金钱观,告诉他们如何管理自己的钱,如何建立多赚钱的渠道。

盖茨的做法主要有3点。第一就是有服务意识,要让用户感觉舒服,这一点不仅体现在客户服务人员解答用户问题的态度上,更是体现在产品的设计上。电脑操作系统有很多,但微软之所以可以以绝对的优势控制市场,就是因为他们的产品迎合用户的习惯。用户喜欢上了产品,那么企业自然也就有赢利能力,能够赚到更多的钱了。

第二点就是维护企业信誉。盖茨深谙一个道理,那就是对一家企业来说,信誉可能无法直接转换成钱,但是如果没有信誉,那么几乎根本赚不到钱。因此在经营企业的时候,他始终是重视信誉的。正是因为有着强大的商业信誉，盖茨才能得到全世界人的尊重和爱戴。人们喜欢他不是因为他有钱，而是他是一个有信誉的人，建立了一家有信誉的公司，微软的产品给人们的生活提供了便利。

第三就是懂得利用钱。盖茨有钱，会赚钱，但也知道如何利用钱。他平时的生活是非常俭朴的，坐飞机坐的是经济舱，也很少甚至几乎不买名牌商品。但是，他在做慈善方面从来都没有小气过，甚至还主张裸捐，就是百年之后，将自己的所有财产都捐出去，一分不留。这是一种境界。而正是这种境界，让盖茨在世人面前建立了信誉。这份信誉也延伸到他的公司，很多人都因认同盖茨的做法而开始认同微软公司。这是有利于微软赢利的。

总之，作为一个管理者、企业家，要的就是对钱有一个清醒、正确的认识。真正的企业家不仅是赚钱的高手，也是花钱的高手。他们知道，钱如何用才能产生最大的社会价值。这份能力，会让他们更加有钱。

## 把自己当成千里马：巴结群众，重用自己

对人和善，就会有更多人来帮你，有足够的自信，就能完成更多的挑战，两者结合就离成功不远了。

征服自己比征服别人更重要。古人有句话：人必自强而后强人。你先得把自己当块料，把自己放在一个正确的位置上，让自己有一个好的角色定位才能真的成为一块好料。

我记得我硕士毕业时，和很多领导一起吃饭，多数学生都说感谢老师，说自己真不容易终于毕业了，我当时喝多了酒，说应该是"巴结群众，重用自己"，当时领导们不高兴了，说这么多领导你巴结群众，其实我那时候才25岁，但是我真这么想。你说巴结领导，机关里领导就那么几个，所有人都在巴结，大家在竞争中会互相踩，而且你也没有竞争优势，你要巴结就是把自己糟践得更厉害，领导才有面子。反过来我巴结群众，我要求做前排观众，有机会变成小领导，如果有20个群众，你在他们心中都很有威信，最后领导就得巴结你，因为如果没有群众支持，领

导就没的吃,每个群众给你一口你就饿不死,如果巴结领导不待见你,你就饿死了。

所以你得把自己当成千里马,不能等到别人把自己当成千里马,要把自己定位好,去发掘自己的潜质。

——摘自《巴结群众,重用自己》

**延伸阅读**

管理者最忌讳的就是跟自己的员工有距离,这个距离是指心理上的。只有能够跟员工打成一片的管理者,才能构建出最好的团队,用冯仑的话说就是巴结群众。这里的"巴结",自然是一种略带夸张的说法,事实上,只需要跟他们做朋友,让他们感觉到温暖就可以了,也就是常说的人性化管理方式。

冯仑就是这样的一个人,他是很有亲和力的,即使面对一个普通的员工,也不会给人高高在上的感觉。但是在制定公司的战略方面,他又是自信的,甚至是不容置疑的,因为他对自己有足够的自信,也有足够的经验来支撑这份自信。

这就是一个管理者应该有的素质。低姿态,可以让自己融入团队,这样就能及时发现团队中存在的问题,了解员工们的真实想法。之后,就可以制定具体的措施来让团队更加有凝聚力,更加有效率了。如果跟员工距离较远,不知道他们的真实想法,甚至员工都不敢跟你说出自己的真实想法,那么又何谈发现团队中的问题呢?

但在决策的时候不一样,团队要有一个和谐温馨的氛围,也要有尊重领导,执行领导意图的能力,只有这样才有效率可言。如果一个领导为了跟员工拉近距离,将自己的心态也放低了,在决策上也每个人的意见都听,那么往往就会因为决策时间过长而错失时机。总之，员工的意见要参考，但不能凌驾于自己的判断之上。对于管理者来说，这个主次之分是必须要有的。

也就是说，管理者要保持心理上的优势，让员工信服自己，同时也要保持姿态上的优雅，让员工乐于跟自己接近，愿意和自己交朋友。这样的团队，才是最有气氛，也最融洽的团队。

做人要自强，要自信，要相信自己的能力，但不能自大，不能过于狂妄。要明白，我们充实自己，看重自己，是为了获得认同感，是为了取得成就，实现自我，不是为了证明自己比别人强。如果觉得想要显示自己厉害就得拼命贬低别人，那么就走错了路了。事实上，很多管理者确实是这样的，对普通员工不够尊重，没有平等意识。要明白，团队成员之间，人格是平等的，决定位置差异的，是一个人的能力和经验。在涉及能力和经验的时候要强势，但不涉及这方面的时候，则要给别人尊重。只有这样，团队才会有温馨、和谐的氛围。

## Business Develop

人与人之间的距离是最难把握的，太近了，容易彼此不把对方当回事，太远了，又有很多话不能直接说。而管理者与员工的距离，就更难把握了。有些人觉得，管理者是领导，就要有领导的样子，不能跟员工走得太近。也有人认为，管理者要亲民，要能跟普通员工打成一片，只有这样才能让自己更好地跟他们打交道，更好地去管理他们。

其实，这两种说法也对，也不对。管理者是要跟员工往来，也要有一种亲和的关系，但不能太近了。像有些领导，跟员工称兄道弟，这样就有些过了，显得没有规矩。而跟员工距离太远，一副高高在上的架势，也是不合适的，那样会让员工有一种敬畏感，从而不敢表露自己的心迹。这样容易造成沟通上的不畅，也是不利于团队发展的。

一个好的管理者，一定是在心灵上跟员工没有距离，但在身份上跟员工是有差别的。具体的表现就是：

员工乐于跟他分享自己的心情，说出自己对团队、对公司的真实感受。想要做到这点，就要给人一种亲和感，平时要做到对事不对人。只有这样，员工才敢于说出自己的想法，而不是害怕被领导穿小鞋，从而唯唯诺诺，表面上敷衍。

还有就是，一个跟员工没有心理距离的领导是能够得到员工们的真心拥护的。他们会自觉地为公司付出，主动承担自己的责任。想要做到这样，靠的就是关怀员工，替他们着想。人都是有报恩情结的，如果你对一个人好，对方肯定也会回报你同样的好。因此，不要将员工放在自己的对立面，像防着自己的敌人一样防着他们偷懒。如果那样做了，员工也一定会产生抵触情绪，抽空就会偷懒。

再者，能跟员工打成一片的管理者，往往都能在团队中营造出一种温馨的氛围，让员工从这种氛围中找到一种认同感，产生情感归属。这样，员工就会更愿意跟公司一同发展，有更大的稳定性。而这样的团队也必然是配合默契，能发挥出更大效率的团队。这些都是于公司发展有利的。

总之，在对待员工的态度上，要符合我们的社会法则，要讲制度，也要讲人情。最好的做法就是虽然不是家族企业，但要像经营自己的家一样经营企业。把非家族企业打造成一个家的管理者，才是真正成功的管理者。

将员工当成自己的朋友，让他们安心，让他们舒心，更让他们放心，那么员工也一定会回报给你惊喜。打造出这样的团队之后，管理者也一定是轻松的，能拿出更多的时间来做自己的事情。

# 第九章
## 你的思路影响企业的轨迹

优秀的企业管理者首先得成为一个积极的思考者,然后才可能变成一个合适的规矩制定者。

挫折和失败既是创业路上的**绊脚石**，
又是通向成功的**磨刀石**。
**要学会用别人的钱来交学费，**
避开一个又一个的陷阱和暗礁。

## 管好企业的不是制度，而是你的价值观

> 真正的领导者实际上是虚空的，所谓虚空就是说你有战略、有价值观但不做具体的事情，看着很虚空。

我觉得《老子》里讲了很多王道之术，很多人可能不这么看。真正的领导者实际上是虚空的，所谓虚空就是说你有战略、有价值观但不做具体的事情，看着很虚空。真正智慧的领导者给大家的是愿景、价值观，用感染力说服大家，剩下的是让大家去执行。最好的领导是神的领导，我们谁也没看见过真的神，但大家都听神的话把事儿办了，略逊一点的领导是君主的领导，天天生气发威，然后拿鞭子抽着大家做事；最次的是暴君，出了力后来大家把他颠覆了。从这个角度看，我觉得《老子》讲得最多的是终极的王道之术，就是讲一个好的领导应该管什么，应该不管什么，怎么管。比如"将欲取之，必先予之"，从反向使劲得到正面的结果。还比如"生而不有"，就是说你做这件事但不占有它，不把它当作一个包袱，这就像李嘉诚"追求无我"。你做一件事情

不怕被压倒，跟人打交道能变成无我的境界，这是《道德经》的精髓所在。

——摘自《最好的领导是神的领导》

**延伸阅读**

说到管理，几乎每个管理者都有自己的看法。有人觉得，想要做好管理就要有威严，要让员工敬畏自己。有的人觉得，想要做好管理，就要懂得使用利益，要让员工觉得跟着自己有钱赚。有的人则认为，要想管好人，首先要会选人，找些忠诚者跟着自己，管理自然就好了。可是在冯仑看来，一个真正成功的管理者靠的不是外在的东西，而是内在的，要能够给手下的人提供一种价值观和归属感。在他看来，如果一个管理者做到这点，那么他就是成功的管理者。

在谈到这个观点的时候，冯仑提到了宗教。他认为，这个世界上最忠诚的情感就是教徒对宗教领袖的情感，那是一种掺杂着崇拜和人生归属的感情，是最容易引起狂热的，也是最能激发人的斗志的。

宗教是一种虚幻的存在，它能够让人信服，靠的就是传递一种价值观，它为人们提供的是一种灵魂上的归属，它的功用就是让人找到归属感。一个成功的企业也应该是这样的，要向员工传递一种价值，让员工有一种强烈的归属感。

冯仑在构建万通的企业文化的时候，也是考虑了这一点的。在万通，强调的不是产品，而是价值。在别人都循着卖产品的思路经营的时候，冯仑已经喊出贩卖价值观的口号。而一个企业想要向客户贩卖价值观，首先自己要有价值观。万通的价值观是来自冯仑的，也就是冯仑改变人们的房居理念的理想。

具体来说就是，冯仑提供给客户的不仅是一个居住的地方，更是一种生活方式。一般的地产公司努力做的是在合适的地段给客户提供一个家，但万通做的是，给客户提供一个舒适的居住环境。万通的新式住宅小区里有良好的绿化，有安静的环境，更是有方便的居室设计。万通的出发点不是为自己节省成本，也不是为用户创造最大的空间，而是让用户感觉舒服，感觉到安心。这就是一种理念和价值观了。

在这样的公司里工作，员工不仅能赚到钱，更能够有一种成就感，因为他们引领着居民的居住理念。这就是一种价值观的归属，这样的公司也必然是一个能够让员工产生强烈归属感的公司。构建起这种文化，让员工有了这种情感依附之后，自然就不用管理者再去费力想怎么管理公司了。这就是最高明的管理方法——贩卖价值观。

给人钱，不如给人发展空间，给人发展空间不如给人梦想。冯仑采用的就是给人梦想的管理方式，这也是绝大多数管理者应该努力的方向。当然，给员工梦想是好的，但也不是说只有梦想就足够。在给员工种植梦想的同时，也要给他足够的发展空间，足够的薪水。这几个方面并重，才能让管理者更加轻松，其中给人梦想之所以可贵，只不过是因为它是这几个指标里最重要的一个罢了。

管理者是团队的领头人，也应该是团队的梦想设计师。一个成功的管理者，必然是自己有梦想，也能给别人梦想的。

## Business Develop

许多成功者的第一个创业项目与后来真正做大的主业并不一致，在这一点上，马云也不例外。1991年，马云成立海博翻译社，结果并不顺利，他第一个月仅仅收入了700元，不要说人员工资，连房租都不够。不过马云并没有放弃，而是独自离开，去了义乌，在那边摆地摊，卖鲜花、手电筒等小商品。两年后，他不仅养活了翻译社，还组织成立了杭州第一个英语角。

1995年，马云获得一次出国机会，第一次接触到互联网，回国后，他凑了2万元启动资金创建海博网络，开始运作中国黄页项目。

1997年底，中国黄页创造了年营业额700万的奇迹。然而，与杭州电信合资的失败宣告了马云的第二次创业梦想破灭，他不得不只身离开。

不过马云并没有放弃创业梦想，不久之后，他又重新组建团队，建立了阿里巴巴。

马云的这一系列经历可谓是坎坷的，不过他最终扛了过来，靠的就是心中的理想。更为重要的是，马云不仅自己有理想，更善于贩卖理想。很多人总结马云的成功经验，最后都归结为一点，马云之所以成功，是因为他是一个出色的理想贩卖者。

在翻译社遇到困难的时候，他给合作者讲理想，让对方坚持，一群人不计得失地一直跟着他，直到赢利。在中国黄页初创的时候，他也在不停地向人贩卖理想。当时他们的规模仅仅是几个技术人员和几台计算机，不过他坚持认为自己在做的事值好几个亿。这就是在贩卖理想。

成立阿里巴巴之后，马云依然在贩卖理想。当遭遇互联网寒冬的时候，他告诉自己的员工要挺住，春天总会到来。这时候，他给别人的仍然是一个理想。

可以说，马云一路走来，卖出去最多的东西便是理想。这就是马云的成功秘密了。钱有花光的时候，承诺有无法兑现的时候，但理想不存在这些问题。不过，理想也不是所有时候都有效，有些管理者也在贩卖理想，但结果失败了。不是他们手段有问题，而是他们的理想有问题。马云贩卖的是他自己坚定相信着的理想，也是他一直努力的目标。而那些失败者，贩卖的不过是连自己都不相信的空想，他们并未朝着那个目标努力过。这就是差别，不仅要让别人信，自己首先要信，更重要的是努力朝着自己相信的那个目标努力。

高明的管理方式是给员工一个价值观、一个理想，让他们产生归属感，从而忠于团队。但一定要注意到，在这个过程中，管理者必须是其中的一员。要明白，给员工的价值观或理想一定要是自己相信的也一直在朝其努力的目标，而不是仅仅想要得到员工认同而虚构的一个理念。

冯仑给员工的理想是卖给客户价值，这也是他自己终生的目标。马云给员工的是创造一个伟大的企业，改变人们的生活方式，这也是他始终努力的方向。这就是他们能够成功的原因。不是忽悠别人跟自己走，而是将自己的梦想分享给员工，让员工与自己一同努力，这才是企业能做大做强的根本。

## 前面的前面
## 才是前面

越是复杂、多元的社会,专业性就越重要。

第一,心里对未来有数。比如信佛的人都很淡定,因为他们有信仰,对未来思路清晰。万通早在三四年前就提出了美国模式、凯德模式,并且付诸实施。正是这么多年我们坚持战略领先、站在未来安排今天,才能领先一步,从容淡定。

淡定的第二个要素是手艺好,做管理手艺要细致、简单、专注。今天万通很少讲买了多少地,开工面积多少,而是正在往服务业转型。往服务业引导就需要手艺好、专业强。就算是足疗业也有专业标准,比如捏脚穴位准,手法力度拿捏得当,让人舒服;再比如餐饮业的专业标准体现在做菜色香味俱全,卫生环境达到什么级别、餐厅是否有特色。房地产行业也尤其要强调专业性,比如工业地产,我们现在物业设施和管理方法都强调专业性,都在全国的行业里逐渐接近于最领先水平。目前整个万通已经进入快速增长的跑道上。

——摘自《前面的前面才是前面》

**延伸阅读**

冯仑是一个极聪明的人，他在做人上秉持的是博学原则。他不仅受过高等教育，而且阅读广泛，不管是哪个学科的知识都了解一些，正是这份博学让他成为一个有个性的儒商，不仅有丰富的管理经验，而且有深厚的理论基础。但在做事，尤其是做企业上，冯仑秉持的是另一原则，即专业化。

其实，在最开始创业的时候，冯仑也并不是紧盯一门的，当时的万通扩张迅速，摊子铺得很大。不过在遭遇挫折之后，冯仑改变了做法，开始尽最大的努力去追求专业化。

万通改制之后，成了冯仑一个人的企业。这之后，他一直秉承着专业的原则，哪怕是从事其他的事情，也从未放弃这一追求。

1999年的时候，冯仑和王石、胡葆森等房地产企业大佬联合发起并成立了中国首家房地产策略联盟机构，也就是中城房网，提倡"新住宅运动"。同年，冯仑推出"新新家园"品牌，这是我国第一个实施注册的高档住宅品牌，在房地产领域有很重要的意义，可以说，它开创了地产品牌建设的"第三条道路"。

2002年的时候，冯仑当选为中城房网第二任轮值主席，成立"联盟投资公司"，进行成员共同开发"联盟新城"的尝试。

2003年，冯仑策划并积极推动大型电视专题片《居住改变中国》的拍摄，传播中国新兴地产文化理念。

冯仑的这些行为，表面看是跟万通公司本身无关的，但其实关联很大。我们可以看到，不管是成立中城房网还是策划大型专题片，看似冯仑参与的领域发生了变化，但其实都是跟房地产相关的。他始终没有离开自己的本业，不过是利用多种渠道使房地产得到更大的发展。这些渠道是表象，房地产才是根本。这就是专业化的体现。专业化并不是持续做一件相同的事情，而是掌握自己从事的领域的精髓，之后通过不同渠道将之显现出来。而且，他的这些做法，也确实起到了宣传房地产行业的作用。可以说，正是因为冯仑掌握了房地产领域的精髓、有对房地产行业的深刻理解，才做到这些。

一个人的精力是有限的，想要做的事情却是无限的。我们总想变成一个全才，在每个方面都做到优秀，但现实中，这往往只是一厢情愿。如果想要成功，就得将自己的所有精力，将公司的所有发展方向都集中到一点，将之吃透。等彻底吃透了，成功自然就来了。

做人要做一个博学的人，但做事一定要专业。一家真正成功的公司不在于跨越了多少领域，而在于在自己的领域中走了多深、多远。

## Business Develop

万科是如今中国房地产业的龙头企业，他们有如此的成绩，不仅在于选择了稳健发展的道路，而且得益于选择了专业发展的道路。

万科最初是做贸易的，不过后来经过一番考察觉得房地产行业更有发展，于是便开始转向做房地产了。不过跟其他企业的求大求广不同，万科几乎是彻底的转型，转向房地产之后，便以此为根本，不再兼顾其他。这种做法，就是追求专业化的做法。

在刚开始做房地产的时候，万科也存在很多问题。第一是业务范围铺得过广，在那一阶段，万科在北海、营口、乌鲁木齐等地都有项目，而对于地域的选择，他们是没有一个清晰的规划的，哪里有熟人介绍，哪里有朋友就去哪里做。而且，在方向选择上也没有一个系统的章法。

房地产业是一个庞大的行业，业内划分也是非常细致的。比如有写字楼方向、住宅小区方向、工厂厂房方向等。这些虽然都是属于房地产业内的，但面对的客户以及需要的理念会有非常大的差别。而且，房产行业本身还有建房子的、卖房子的和转租房子的等划分，彼此差异也是不小的。最初的时候，万科并没有细分这些，而是碰到哪个就做哪个，结果效果自然不好。

这时候的万科也想走专业化的道路，但是因为刚转型不久，经验不够，因此只是做到了大方向的专业化，并没有做到细致的专业化。也就是说，他们只是做到了专业做房产，但没有做到专业地去做房产中的某一块。

经过一系列探索，特别是很多项目忙活了一阵并没有赚钱之后，在王石的带领下，万科开始调整策略了，他们要做精细的专业化。

这个转变发生在1998年，从那之后，万科放弃了住宅小区之外的项目，开始把整个公司的方向放在住宅小区的开发上，同时在业务地域选择上也做了细密的筹划，将公司的重点放在长江三角洲、珠江三角洲和京津等比较发达的地域。

经过这一调整后，万科走入了正轨，大约六七年之后，万科便成为全国最大的住宅小区开发公司。到2004年，万科再次发力，实现了精细化和产业化。这些努力终于让万科站在了行业之巅，成为中国房产行业的龙头企业。

可以说，万科的发展成长史，就是一个从广到专的转变史。

一个企业，不管制度多么完善，资金多么雄厚，也无法做到面面俱到，如果将摊子铺得太大，自然会出现许多短板，那短板就是公司的弱点，积累得久了，自然会出现问题。一个真正有实力的公司，不在于有多少员工，有多少资产，而在于他们足够专业，在领域内做出了创造性的尝试，有骄人的成就，在行业内是不可或缺的。

一家公司哪怕再大，如果做不到专业化，无法成为行业内不可或缺的一员，一样会很容易被其他公司替代。专业化并不只是一个努力方向，更是一个公司的核心竞争力。有了它，自然有了一切。

## 最好的约束
## 就是一切透明

透明度可以有效地促进内部约束力的加强,包括人的制度约束、道德约束、行为约束等,保证更好地执行制度和传承。

如果一个公司总是有麻烦事总有是非你哪有自由,只有通过良好的治理消除了是非,你在生意过程中才会有自由。所以我们分三部分,一个是创造价值,怎么提高资本回报率,提高我们治理结构完备性、透明性和可操作性,同时增加我们信息披露的及时、准确、连续,让我们的投资者有一个踏实的想法。我们告诉大家我们坚持18年,不能因为上市才透明,我们公司在创办初期,从1993年开始年报了,我们的年报从来都是公开的,并不是上市以后才公开,我们万通上市以后一直是公开的,你的财富跟社会体制道德要保持一个兼容性,才可以持续安全地运行,最后我们价值创造的目的是创造价值和实现价值,实现价值根据经济周期不同采取不同的策略和方法。

我告诉大家,我们在公司治理方面实际上就是治理结构,比如说董事会怎么开，我们开董事会经常换地方。我是房地产，北京会出现很多新的空间，比如说安排一个酒店，比如说新出一个俱乐部，在开会当中要录音、要摄像，这些东西要做到，这样把大家的发言记录下来。再一个规范各方面行为，跟投资者沟通。另外跟媒介要建立一个合理的关系，我们既要随时随地按照规范披露，同时也要抵制和遏制不负责任的媒体对企业造成的伤害。包括前一段时间大家看到的一些报道，有一些媒体从业人员没有资质，也没有记者证，他们是选最好的公司获取他们额外的利润，如果你们不答应他，他相当于要做出一些猥亵的行为。我们作为良家妇女要保护自己，一定要做两方面工作，既要保证自己的生命安全，也要及时依靠组织，对这些不良媒体做出一些反应。

我们在网上有接待日，定期把产品跟大家沟通，同时还有要求，我们要求中小股东推荐董事，我们邀请中小股东提名独立董事，同时我们试行分配方案在网上公开征集中小投资者的意见，再有我们有投资者跟股东之间的日常关系。我们跟股东沟通从2008年3月到现在一共举办投资者网络互动43场，答问超过1200条，内容涉及非常广泛，包括战略、产品、财务、私人问题，网民非常热情，股东也很踊跃，我们先后接待近70家机构和100位基金公司经理到公司来调研访谈。我们还借助股东会、业绩会、媒体见面会、投资者见面会等会务平台，推动投资者与股东的互动。

——冯仑在第三届中国上市公司<br>市值管理高峰论坛上的讲话

**延伸阅读**

成功的企业要有一个好的制度，更要有一个透明的制度。在这方面，万通做得很好。不管是对内还是对外，万通都是透明的。他们有自己的历史陈列馆，记载着万通的每一步发展，这样做就是要让员工和外界看到万通是如何成长起来的。

冯仑的这种做法收到了良好的效果。对于员工来说，这种做法是一种信任。公司已经把自己的所有都展现在员工面前，为的就是让员工彻底了解公司，之后能够跟公司一同成长。对外界来说，这是一个态度，公司将自己曾经做过的事情，不管是成功的还是失败的，都放在你的眼前了，为的就是让你更好地了解公司。这是一个真诚的合作态度。

万通不仅将自己的历史完全地展现在别人面前，公司的各种制度也是如此，甚至连冯仑自己做了哪些工作、哪些决策，也都是透明的。这样一来，在公司内就形成了一种氛围，所有的事情都是在阳光下进行的。这时候，员工们的内心就会很踏实。

当制度规定和执行标准摆在眼前的时候，每个员工对自己的行为都会有一个清晰的定位。他知道自己做的事会得到什么回报，自然会更加努力。同时，如果有人想要进行一些灰色操作，有曾经的惩罚案例摆在那里，也能起到一定的震慑作用。这种透明让人与人之间的关系简单了，也让员工对自己的行为有了一个很好的预期。这是节约人力成本的一个很好的办法。

而将公司的制度分享给客户，则不仅表示公司对客户是绝对信任的，还能让客户对公司有更全面的了解，从而在合作中更加默契。

更重要的是，一旦制度透明了，那么每个人都能看到其中的利弊，也都能指出其中的利弊，这样更有利于制度的整改和完善。这是一个公司进步的重要条件。

做管理，其实就是在做人心，当管理者将自己的一切都摆在员工面前的时候，员工会觉得领导信任自己，也愿意跟自己一道前进，这对提升团队凝聚力是有着极大帮助的。

所谓疑人不用，用人不疑。很多管理者都知道这个道理，也都是按照这个标准在做事，可是大都只是做到了心中不怀疑自己的下属。这样就容易造成误解，下属可能还会猜疑，上司是否真的信任自己。可是，一旦将制度透明化了，这个问题就不存在了。由此可见，制度透明化是人与人之间的一个良性沟通纽带，是提升团队的凝聚力和竞争力的必要手段。

## Business Develop

在制定制度和保证制度公开化、透明化方面，苏宁掌门人张近东很有经验。苏宁是一家零售商，不过却以服务见长，这是他们的特色，也是他们能够快速成长的原因之一。虽然好的服务会让客户更加满意，不过做一个好的服务人员并不是大家的追求。因此，在苏宁的发展史上，尤其是创业初期，曾遇到过人才紧缺的问题。

后来，张近东通过在苏宁内部建立人才培训体系并改变招工对象，解决了这一问题。这是苏宁的成功之处，也是其值得称道的地方。不过张近东在人才的培养和储备方面并没有止步于此。

苏宁有着完善的人才储备和培养制度，并且在这方面做到了公开化和透明化。在苏宁，人才晋升的制度是摆在大家面前的，每个人在公司干了多久，有多大的成绩，将来会有什么样的发展空间，每个人都心中有数。这样，员工工作起来就非常有热情。因为他们有目标，而且那目标就摆在眼前，是清晰可见的，也是具有很强的实现可能的。

这就是张近东的高明之处了。很多企业家也会给自己的员工一个愿景，不过大都是流于口头的，更像是给员工画了一个大饼，虽然很诱人但并不能吃。这样的做法在最初的时候也是能激发员工的工作热情的，可是难以持久。一旦员工发现老板只是在口头上敷衍自己，那么也就会彻底地泄气了。因此，这种做法无异于自己坑害自己。

还有的管理者会给员工愿景，也愿意实现，可是没能让员工有一个清晰的感知。他们在内心是愿意培养员工的，也愿意予以重用，甚至也有一个非常科学的员工成长计划。但这计划只在他自己心里，员工并不知道。员工因为不知道领导的想法，从而觉得自己升职很困难，久而久之会懈怠，至少没有特别强烈的激情。而领导则觉得自己有一个详细的培养计划，但手下人缺乏干劲，因此找不到人才。

相较而言，一个透明的激励制度就不存在这个问题了。它是切实可见的，员工内心有奔头，从而有工作热情，而这份工作热情释放出来之后，自然能够创造更好的业绩。在员工创造业绩的过程中，领导者能看到他们的努力和能力，自然愿意给予提拔，而得到提拔的人又会成为激励其他人的榜样。这样就形成了一个良性的循环。这就是透明的激励制度的重要性了。

苏宁有这样的制度，所以能够在竞争中取得良好的成绩。其实，所有的管理者都应该有这份认识，建立透明的制度，让员工安心、放心、用心，也能让自己发现更多的人才，更好地经营团队。

## 沟通 = 尊重：
## 市场都是沟通出来的

要沟通，更要有效率地沟通。

我最近发现我们公司新来的高管很担心，总觉得董事会有很多不同的声音，但后来又发现议题都通过了。实际上他们不理解这么多年来万通董事会治理过程当中所形成的传统和沟通技巧。对于一些可通过可不通过的议题，我们事先不作太频繁的沟通，打个电话或一般性沟通就可以，在会上就表现为大家的话题比较分散、意见比较多。我们也想借此机会听一下多方面的意见，尤其是独立董事，让他充分独立，他在会上怎么讲都可以。有些独立董事不怎么独立，总怕大家在意见上发生冲突，引起负面效果。他们中间有人据此开玩笑说，这事我按政协方式说还是按人大方式说？我说既不按政协也不按人大，按你咨询公司的方式说，或按打官司律师的方式说。律师打官司就是挑毛病，咨询公司是善于建议，得往硬里说。

在董事会的决策过程中，对于一些涉及重大战略方向的议题，我们一定会事先沟通，而且要充分、反复沟通，不达成一致意见绝不上会。如最近的一次控股公司开会，很多高管都觉得议题这么多，哪个通过、哪个不通过呢？其实我们事先都已充分沟通过，所以很快都通过了。

我自从当董事长以来，这么多年一直坚持每次开董事会都根据议题的重要性全部事先沟通。泰达投资万通后，我坚持每次都面对面地跟泰达的领导沟通所有议题。正因为如此，7年下来，我们的董事会开得都比较有效、顺畅、和谐。凡是有争议、有不同看法的都在会前处理。我在中央党校教书的时候，当时流传一个顺口溜，叫作"小会解决大问题，大会解决小问题；不开会解决最重要的问题，开会解决次重要问题；文件解决小问题，批示解决大问题"。当时中央党校有很多顺口溜讲组织运作当中的一些艺术。

一个人要做领导，沟通是第一位的能力，你的眼光、智慧、经验必须通过沟通才能赢得大家的理解和支持。沟通还有一个好处，在中国沟通是给面子的过程。按中国人之间的交往模式，面子有时候比内容、里子更重要。所以，不断地沟通是互相尊重的表现，这样大家在心理上就比较舒服，开会时就比较容易达成一致。千万不要把非常重大的议题未经沟通就直接拿到会上，否则这事80%会搁浅。

——摘自《规则内的规则》

**延伸阅读**

一个公司就是一个团队，想要有效率就要懂得节约各种成本，而沟通成本自然是其中非常重要的一环。很多管理者也知道沟通的重要性，但往往做不到及时、有效率地沟通。

冯仑是一个十分注重沟通效率的人。在做生意的时候，跟别人合作是难免的。而在冯仑的合作伙伴当中，有些是根本没接触过房地产的。对方只是觉得万通是一家可信的公司，冯仑是一个可信的人，从而愿意跟他们合作。这样，在开董事会的时候，就有很多麻烦，要将自己想要说的表达明白，而且还要让一个没有这方面经验的人听明白。

为了能够在这个环节中尽量节省时间，冯仑的选择是不停地更换地点。比如北京星美影城刚刚开业的时候，冯仑就曾在那里组织过一次董事会。之所以选择这个地方而不是在万通公司，就是想让一些不懂房地产的董事亲身感受一下那里的建筑风格。有了这样一个直观的感受之后，再给他们讲解具体的战略就方便多了。这就是注重沟通效率的体现。

冯仑经常会采用这种方式召开董事会，不停地变换地点。还有一次，冯仑跟华谊兄弟等公司一起合作，在太湖筹建华谊兄弟影视园区。于是，冯仑便产生了一个想法，要在华谊兄弟公司召开一次董事会。他这么做的目的是想要带领董事们顺便参观一下华谊兄弟影视公司，对电影行业有一个大概的了解，有了这个了解之后，对项目的实施也便有基本的概念了。

决定了之后，冯仑便给华谊兄弟影视的老板王中军打电话。王中军听到冯仑的提议之后非常诧异，搞不懂他为什么要到自己的公司来召开董事会。经冯仑一番解释之后，王中军才明白了他的用意。

召开董事会的那天，王中军特意招来了自己的团队，给几位董事大概讲了电影行业的特点和运营规则，以及华谊兄弟影视公司的战略和发展规划。那次董事会，参加的人都觉得非常满意。

董事会的目的是沟通，好的董事会就是要做到最有效率的沟通。冯仑的这种做法是极其可取的。很多管理者也经常给自己的员工们开会，也经常跟合作伙伴们沟通，但一般都局限在会议室里，大家通过语言描述各种情况。这样往往不够直观，理解起来没那么方便，自然就影响了效率。而冯仑这种更直观更具体的方式，自然效果好很多。

这就是一个企业家的能力了，他们总是能够想到办法，用固定的时间解决最多的事情。不管是什么样的公司，彼此沟通是必不可少的，而能够创造出最有效率的沟通方式的管理者，必然是能够引领自己的公司走得更远的。

## Business Develop

雷军是一个创业者，也是一个企业家。在商场摸爬滚打多年之后，他终于迎来了自己的事业高峰，小米的成功无疑是具有标志性的。而能让小米在如此短的时间内崛起，自然跟雷军的强大管理能力分不开。

雷军是非常注重人才的，他说在创建小米的时候自己 80% 的时间都放在了找人上。人找齐了，接下来就是如何管理了。雷军建立了系统的激励体系，保证员工的上升通道。这样，员工们就有了向上的动力。在如何解决沟通效率上，雷军也是下了功夫的。

小米的管理方式跟一般的公司不太一样，是扁平化的。很多大公司，内部结构都是非常复杂的，分为最基层员工、基层领导、稍高一级的领导、再高一级的领导、中层领导和高层领导等很多级别。但在小米，级别很简单，只有 3 级，分别是 7 个小米创始人，然后是各个部门的领导，之后就是普通员工。

这样的分级方式是很多企业家不能理解的，不过雷军却觉得这正是小米得以快速崛起的原因。这种分级方式既简单又有效率。

很多层级很多的公司，如果基层员工有了一个好的想法，那么先要跟他的直接领导提出来，然后他的直接领导进行分析评估，觉得可以报告给自己的上司。这样一层一层，等到真正的决策者那里的时候，恐怕已经是一周甚至一个月之后了。在如今变化迅速的环境中，这种效率肯定是要耽误很多事情的。但小米不一样，一个员工如果有了好的想法，只需要一天，最多不过几天时间就可以到达最高决策者那里。这中间省去了很多审批和评估的环节，而这些环节的省略不仅节约了公司的运营成本，更是减少了彼此沟通的时间，极大地提高了沟通的效率。

而且，扁平化的管理方式也不需要各种烦琐的汇报会议。每个员工的工作量以及遇到的问题直接汇报给部门领导，部门领导再汇报给高层就可以了。不像其他公司那样，高层要召开会议听取中层的汇报，中层要召开会议听取基层领导的汇报，而基层领导则要召开会议听取员工的汇报。小米公司省略了这些没有必要的会议，自然让公司的效率有了很大的提高。据雷军说，小米公司成立3年多的时候，7个合伙人只开过3次集体大会。这中间节省了多少时间可想而知，而这部分节省下来的时间，自然都用在创造收益上了。

对任何一家公司来说，沟通是大事，而解决沟通效率问题就显得更重要了。一个管理者，想要了解团队的动向，很好地分配任务，与人沟通是必需的。好的管理者，就是能够解决沟通效率问题的人。

# 第十章
## 商道，剩者为王

剩下的，就是最优秀的，不然就被淘汰了。

一个人真能做到与时俱进，不断地有自己的取与舍，以一种清楚的眼界，让自己确定准则。并且以这样一种心游万仞的自由空间，调整自己的生活秩序，永远保持一种动中的平衡，那么你就不会倒。

## "剩下"就是成功

> 现在是"剩者为王","剩"是剩下的"剩",你剩下了,你就成功了。

企业要由项目赌博转到为股东创造价值,给股东创造价值是企业的战略导向,这是公司所有经营行为的核心。万科多少年是连续10年增长60%以上,而它的董事长有一半时候不在公司。去年我写过一篇文章叫《学习万科好榜样》,它就是单一做房地产住宅,不需要太多的决策,专心做一个项目,就可以做得非常好。你的项目做太多,你就需要很多时间来决策,就不能专一,一定要给股东创造价值,为公司创造价值。

全世界最有毅力最有战略的男人应该是阿拉法特。他的战略是什么?是建立巴勒斯坦国。这就是战略对一个人价值的肯定。我常常说,时间决定一件事情的性质。比如我们在此谈一个小时,这叫讲课;谈5个小时,这叫聊天;谈50个小时,事情发生了本质变化,我们该成一家人了;谈5万个小时,我们就成文物,拉根绳子卖票让别人来看就可以挣钱了。所以一个东西你坚持下去了，性质就改变了。有了战略的人就坚定不乱想。古人讲：人必有坚韧不拔之志才有坚韧不拔之力，所以战略导向很重要。

企业需要的不是一个传奇式的增长，企业需要的是健康持续安全的增长。因为传奇常常违背常理，不会持续。正如企业突然长大，一定蕴藏着危机。所以要保证企业最大限度的安全，步步高的企业风格就是如此。就像你开车，你的车有120迈，你就开100迈，这样你活的概率更大。你要留有余地，而有健康安全的增长，你的增长就变成可能。现在是"剩者为王"，"剩"是剩下的"剩"，你剩下了，你就成功了。

——摘自《"剩"者为王》

**延伸阅读**

有人说，战胜一个人的最好方式不是将之打倒，而是比他活得更久。当他不在了，而你依然还活着的时候，那么就可以随意评价他了。这时候，说他什么他都不可能回应了。其实，经营企业也一样，只要企业活得更久，那就是成功。用冯仑的话说就是，"剩者为王"，你剩下了，那么你就成功了。

不过，想要在竞争激烈的市场中剩下可不是那么简单的事情。这需要管理者有过人的眼光和清醒的头脑，还要有准确的判断力和强大的自制能力。

在地产行业，万通是剩下的，也是成功的。他们之所以能做到这点，主要凭借着以下几方面能力：

第一个是稳。万通不追逐暴利，尤其是不熟悉领域的暴利，万通从来不做。正因为这样，他们才能一步一个脚印地稳健发展，根基牢靠，自然能取得最后的胜利。

第二个是让。冯仑是一个儒商，有着深厚的传统积淀，对中国的传统文化很有研究，深谙传统思维之道。在他看来，不争就是争，尤其是跟合作伙伴打交道的时候更是这样。很多人跟合作伙伴合作的时候，总是尽最大可能争利，甚至都不给对方留利润空间，但冯仑从不这么做，他向来是主动让的。因为他的着眼点不是某一次合作，而是长期合作。这样就有很多人愿意跟他合作，因此能够让公司不缺业务，活得更久。

第三个就是清醒。冯仑是一个热爱学习的人，总是在不停地从外界摄取知识，有书本上的，有别人身上的。这样他就能不停地成长，因此可以适应时代的变化，更能始终处在时代的前沿。这样他就能准确判断形势，总是在市场还没有改变之前先让公司改变。所以万通不存在被时代抛弃的情况，因为他们引领着时代。

就是凭借这些，冯仑的生意越做越好，也让万通的发展前景一片光明。在同期成立的房产公司一个个面临关门危机的时候，冯仑的万通却还在稳步增长。他们是经历过市场洗礼而剩下来的，是符合市场需要的，更是能够创造市场的。

这就是一家企业的竞争力了，不管面对什么样的情况都能生存下来，就是最强大的竞争力。如果企业都不在了，那么市场环境再好，也跟你无关了。做企业，生存下去永远都是第一重要的。不要盲目求大，也不要追求过快的扩张。一个真正成功的企业，并不是曾经有过辉煌的企业，而是虽然不是行业顶尖但从来都没有被市场淘汰的企业。

## Business Develop

据统计，中国民营公司的平均寿命只有 4 年。人们总结原因的时候给出了很多答案，不过大都认为，这些公司寿命之所以如此短暂，是因为将精力都用在了钱上。

开公司是用来赚钱的，不过仅仅以赚钱为目的，反而很多时候赚不到钱。那些知名的大公司往往都是有理想的，他们也注重利益，但并不将这个当成自己唯一的目标，而他们的这种做法，反而让自己得到了发展。

这其中的逻辑很简单。关注钱是必需的，但仅关注钱，往往就是眼界有限了。而那些有理想，以长远生存为目的的公司，却能着眼于未来制定战略。这样，他们就有了长期赢利的能力，能够得到更好的发展也就是必然的了。

马云就是这样的一个人。熟悉马云的人都知道，他有一个著名的说法，就是要做一家能活102年的公司。马云说一个世纪是100年，自己的公司要做到跨3个世纪。不过要求不高，第一个世纪最后一年公司成立，然后经历100年横跨第二个世纪，到第三个世纪的时候，再存在一年，这样横跨3个世纪，他就满足了。这个说法很新鲜，不过马云并不是因为它够新鲜才抛出这个观点的，他确实是这么做的，要做一个能够活上百年的企业。

正因为有这个理想，所以在面临行业寒冬，其他人都想放弃的时候，马云依然在坚持，因为他的目标在未来。他知道，市场总有回暖的一天，那时候就是自己的春天。如果公司倒闭了，那么即使那个春天再美丽，也跟自己无关了。这是他要挺过去的原因。

可是，光有挺过去的愿望是不行的，还要有能力。马云在这方面是有能力的，因为他的志向让他做了很多别人没有去做的准备。一家想要经营百年的公司，肯定是有着强大的规避风险的机制的。

阿里巴巴发展非常迅猛，但并没有泡沫。因为马云知道，带有泡沫的成绩虽然能给人更大的满足感，但不能持久，只要风一吹，或者轻轻一捅，那泡沫就碎掉了。只有坚实发展，一步一个脚印，才能让自己的公司有更强的生命力。所以，阿里巴巴是秉持着可持续性发展的信条的。

所有这些，组成了马云的生意经，也是马云在寒冬的时候敢于向员工保证说自己能挺过去的动力。他知道，自己做了长远发展的准备，他也知道，只有活着才有机会。

一个管理者，不仅要带领公司赚钱，要帮公司选定发展方向，更是要为公司找到一条可以长久走下去的路。只有生命力强盛，公司才能取得真正的成功。

## 方向
## 要多元，文化要单一化

　　企业文化是团队凝聚力的核心动力之一，所以它必须是单一的，如果过于多元，很容易产生矛盾。

　　在中国，有时道德激励比金钱激励重要一些，或者具体一点来讲，对于老年人来说，道德激励就可以了，而金钱激励对年轻人会更起作用。代际不同，处理事情的特点就不同，公司进行管理的时候就必须有针对性。一般来讲，年轻人讲绩效、利益，年长的讲感情论辈分，另外文化和习俗也在很大程度上制约着管理的有效性。代际的变化过程中会面临文化观念的转变，或者说，由政治文化向商业文化、法律文化进行转变非常困难。

　　因此，如果有不同种族、不同文化背景、不同年龄段的人存在于一个统一体中，组织将会非常混乱，这也是跨省、跨国大企业生存困难的原因。所以，企业文化还是不要多元化，习俗也尽量不要多样。企业领导要关注企业文化的相对单一性，这有利于引导和训练人的行为。一个公司的高层董事会、经理人文化需要开放的气质，因为他们需要进行决策，需要开放的眼光和互补的精神，这有利于减少公司决策依据的片面性，提高决策的正确程度。但在执行层面，多样化带来的相应后果是协调性相对较差，成熟的企业则避之不及。

——摘自《人的管理与中国特色》

**延伸阅读**

不管是一个企业还是一个团队，经营可以多元化，业务可以多向发展，但是文化构建一定要单一，或者说要秉持一元原则。这是冯仑对企业文化构建的观点，也是他一直坚持的方向。

在开始创业的时候，冯仑没有选择自己做，而是招来一帮兄弟共同创业。不过，他虽然选择多人的创业模式，但在选人的方向上也是花费了工夫的。

万通地产最初的6个合伙人中，除了潘石屹在万通建立之前跟冯仑他们不是很熟悉之外，另外几个人都是好朋友关系。之所以这样选择，就是为了避免因个人的性格差异较大而产生企业文化多元的状况。

企业的创办者之间，一定是彼此谈得来，身上有很多共同点，也有近似的价值观。这样的团队，不管业务往哪个方向发展，但在涉及企业的方向改变和发展的时候，更容易形成一致的意见。也就是说，这样的团队凝聚力是更强的。这就是万通能够成功的原因之一。

很多民营企业都没有处理好这件事。几个人聚在一起，开始谈论创业，但并没有涉及企业文化的构建问题，而是仅仅为了赚钱。这种方法在企业建立的初期是没问题的，因为大家的目标很一致，就是为了企业赢利，可是一旦有了利润，那么彼此之间就容易产生分歧了。有的觉得企业应该往这个方向发展，有的觉得企业应该往另外一个方向发展，很可能就出现各自为政的局面，那时，整个团队的凝聚力就没有了。一个没有凝聚力的团队，不仅起不到众人一起力量更大的效果，反而会比各自为政更加糟糕。

冯仑几个人做到了这一点，所以虽然在最初的时候经营上出了点问题，但整个团队有着很强的凝聚力。有一次，对于同一个项目，几个人产生了分歧。后来王功权按照自己认为对的方式做出了决定，可是其他几个人并不是很认同王的决定，于是纷纷打电话问他为什么这么做。王当时也很纠结，后来干脆就将手机关了，不接听几个人的电话。

这种情况在一般的团队中，尤其是团队中彼此的身份相当的情况下，是很容易出现矛盾的。但是冯仑他们没有。虽然其他几个人当时都很生气，可是事情过后，便都不再提及了，而且还是像以前一样合作。这就是价值观统一，团队有凝聚力的体现了。在一个文化多元的团队中，如果出现类似的情况，恐怕就是不出现各自为政的情况，至少以后的合作中也会有隔阂的。

一个团队有一个单一的文化系统，团队中的人彼此认可，有强大的凝聚力，是这个团队发展的最重要因素。

一个团体中，管理者不仅有最大的管理权，也担负着最大的责任，当然起到的作用也是最大的。一个优秀的管理者，就是能让自己的团队中所有成员都往一个方向努力的人。而实现这一目标的最好方式，自然是有一个统一的一元的团队文化。

文化在碰撞中能够产生新的事物，这是多元文化的优势。但是如果是一个封闭的团队，尤其是要跟其他团队进行拼杀的团体，这种多元的碰撞并不利于发展。更多的时候，多元文化的团体还没有在碰撞中产生新的元素的时候，就已经因为凝聚力不够而被其他团体打败了。

## Business Develop

随着科技的发展，人们的生活方式也发生了改变。在这方面，购物方式的改变尤其迅速。如今，很多人已经很少逛商场，更多的时候是网上购物。网上购物不仅便宜，而且方便，一般都是送货上门的。这样既省去了从商场往家拿东西的劳累，又能用最低的价格买到自己喜欢的东西，网上购物成了新新人类购物时的第一选择。

这个改变，是从淘宝网开始的。不过，人们的习惯形成之后，更多的商家也开始了网上商城业务。其中，发展最快的，自然就是京东商城了。

京东商城成立时间较早，不过真正快速崛起，还是跟几次促销活动有关。京东最初的促销，更多是针对图书的。这是京东的发展战略，也确实是一个好的战略。

经常网购的人都有这样的经历：由于网上的东西太多，因此浏览一个商品的时候，大都是看几眼就关掉了相关页面。可是图书却不一样，图书是提供内容的，决定要买一本书的时候，首先要看作者是谁，了解下这个人是否有足够的专业背景。之后，还要看目录、内容简介，然后进行部分章节的试读。这样，人们在网上买书的时候，停留在同一个页面的时间就会相对较长。这是很利于留住客户的。京东走的正是这个策略。

不过，随着用户的增多，名气的提高，京东在业务范围上也进行了拓展，不仅有图书，还有各种家电，以及很多小商品。可以说，京东一直在拓展自己的业务，涵盖了很多门类。

不过，京东虽然业务不断拓展，但企业文化并没有改变，依然是最初的为客户提供方便快捷的服务。

京东商城是以客户为中心的，他们的页面设计非常简洁，为的就是让客户看着舒服。同时，京东有方便快捷的投递服务，为的就是在最短的时间内将商品送到用户手中。同时，京东还有多样的付款方式，让客户有更多的选择。

多方向发展业务，这样可以更好地赢利，单一构建企业文化，让员工有服务意识，这样更有利于形成独特的竞争力。这就是京东商城的策略了。

一家公司想要赢利，就要有一定的覆盖范围，多方向拓展业务。但在企业文化的建构上，不能多方向发展。那样容易造成企业内部价值观的冲突，且不利于团队凝聚力的培养。总之，业务可以多元化，但企业文化必须要单一。

## 两手端平：
## 左手制度，右手人情

经营企业，制度重要，人情也重要，如何平衡两者最重要。

后来有三个契机促成了戏剧性的变化：其一，因为之前的分歧、争论，1995年功权去美国管理分公司，暂且回避一下。在那里他吸收了很多美国体制下商务、财务安排的方法以及产权划分的理论，这带来了一个契机。另一个契机跟女人有关：当时张维迎在牛津，介绍了一个女人回到中国，就是张欣。维迎把我们公司1992年写的文章《披荆斩棘共赴未来》给张欣看了，张欣要回国，就让维迎介绍和我认识。她回来以后在保利和我见了面，就算认识了。大概一个多月以后，我们去香港，张欣正在做投资银行，我们一行三四个人去她家里聚会，那次潘石屹跟张欣单独聊过一会儿，等我们回来以后，他们俩就谈恋爱了。于是又来了一个海外因素，张欣的价值观、对问题的看法都是西方的，认为不行就分嘛。张欣那时总在说我们的不是，她站在西方的文化立场上把我们全否定了，说我们太土了。虽然大家觉得这是对我们兄弟感情的一种伤害，但她把西方商业社会成熟的合伙人之间处理纠纷的商业规则带进了万通。

功权和潘石屹接受了这样的思想,开始说服我。如果我坚持,可能还是分不了。但这时又出现第三个契机,那时我也去了一趟美国,见到在加州的周其仁。我们聊了一个通宵,他爱听故事,我就哇啦哇啦地说,我讲了我们的问题,他就讲了"退出机制"和"出价原则",这给我一个非常大的启发:不能用传统文化中的兄弟感情处理万通内部的矛盾,而要用商人的规则处理分家或者叫建立退出机制。

——摘自《江湖方式进入,商人方式退出》

**延伸阅读**

万通出现债务危机之后,进行了规模的收缩,这一系列做完之后,虽然解决了万通的危机,不过也带来了新的问题,那就是万通今后该怎样走,万通的几个合伙人该如何继续合作。当时,有两种想法,第一条路是兄弟几个继续合作,稳健发展,让万通再次崛起;第二条路是分家,此时,每个人都已经在商场上摸爬滚打了许多年,早已经能够独当一面了。分家后大家各自单干,每人闯一片天地出来,到时候也能互相照应。

对于分家,冯仑开始是不愿意的。他是一个重感情的人,不仅希望风雨与共的兄弟能够长时间在一起做事,更是害怕分家引起彼此的纠葛,以后连朋友都做不成。就在他摇摆不定的时候,引文中的三个因素促使冯仑最终下定了决心,兄弟们分开单干。

不过,这决定虽然好做,但是具体实施的时候就难了。不管是亲人还是朋友,在一起做事的时候往往都能风雨与共,可是一旦牵扯到利益的纠纷,很多原本亲密的朋友会因此反目,也有很多互相关爱的亲兄弟因为分家大打出手。这是一个非常棘手的问题。

不过，冯仑他们很好地解决了这个问题，不但和平分家，彼此没有任何抱怨，而且在分开之后大家还是好朋友。他们靠的就是人情与制度的结合。

确定分家之后，冯仑向众人提出了一个游戏规则："以江湖方式进入，以商人方式退出。"这句话的意思是，大家是因江湖式的兄弟情和彼此的理想抱负走到一起的，现在要分家了，要用商人式的规则鲜明的方式退出。退出的时候，有了明确的规则，也就不存在谁分得多、谁分得少的问题了。

在实施的过程中，冯仑他们在坚持之前确定的原则的基础上又进行了适当的调整。比如在利益分割的时候，他们并没有采取锱铢必较的方式，弄得十分精确。中国人是讲人情的，在这种情况下，如果弄得非常精确，难免会伤害几个同甘共苦的兄弟的感情。他们在利益分割上采取了较为粗放的方式，公司的资产平均分成六份，每人一份，这样就不存在谁多谁少的问题了，然后想走的人把自己的股份卖给不走的人，不走的则按照股份平均增加的方式持股。到最后，几个合伙人都离开了，而万通成了冯仑一个人的。

不过，虽然确定利益分割的时候较为粗放，在具体实施的过程中，却是十分正规化的。他们请了专业的律师，在分割的各个环节中都严格按照法律程序走，一点也不掺杂人情。

开始的时候，还有人对这种做法不太适应，但很快，大家就都接受了。因为各个环节都遵循严格的法律程序，避免了很多的麻烦。比如说，有些不太容易计算的地方，如果用江湖式的兄弟情义的做法来拆分，就会很麻烦，大家都会出于情义而放弃这些，觉得计算得太细就没有情感可言了。而接受者也会觉得不能要太多，否则对不起兄弟。这样推来让去，不仅浪费了时间，也容易留下一些隐患，比如大家都不是很在意某一块，从而导致没有对这一块进行评估和分割，将之扔到一边，这样一来即使那一块有问题也无法发现，搞不好这问题就会影响公司以后的发展。而严格按照法律的程序来做，不仅降低了沟通成本，不会出现你推我让的现象，而且也相当于对公司进行了一次彻底的清查，哪里有问题自然就一目了然了。

万通的几个合伙人采用这种方式是非常明智的，也是十分有效的。一个企业，不管是粗放式的还是精细化的，都必须注重制度和人情的平衡。如果一味强调人情，那么必然会失去效率，如果太过注重制度，那么必然会缺乏激情。只有两者结合，才能让公司这个集体既有激情又有效率。这是企业成长的关键。

靠着制度和人情的平衡，冯仑和他的合伙人成功地分割了万通，却没有引起彼此间的不满。对于任何一个公司来说，如果制度和人情平衡了，那么员工不仅能感受到情义，还愿意付出劳动，这样的公司必然是十分有竞争力的。

## Business Develop

在经营管理的过程中，很多管理者并没有把自己的员工当成朋友，甚至将其当成了敌人，在他们看来，如果自己不规定得严格些，员工就会偷懒。由这一思维出发，他们制定出许多严苛的、不近人情的制度来管理公司。这些制度束缚了员工，也自然让员工产生对抗的情绪，结果就是管理者防着员工偷懒，而员工则盯着管理者，趁他不防备拼命偷懒。

美国的戈尔公司是一家外人看来较为奇怪的企业，该公司赋予了员工极高的自由度。在戈尔公司，员工可以自己选择工作量、项目完成时间以及具体的工作方式等。在一般人看来，这样的公司肯定是没有效率的，因为他们给了员工太大的空间，肯定会造成员工工作散漫的情况。但事实并非如此。戈尔公司的员工不仅不散漫，反而有很高的工作热情，也有极高的工作效率。原来，公司虽然不硬性规定员工的具体工作方式，但是是有考核制度的，而且员工的工资直接跟绩效挂钩。这是一种人情和制度的很好的结合，正是这种结合让戈尔公司有了不俗的成绩。

制定制度就是这样，要有所侧重，在可能伤害人的感情的地方要适当宽松，在涉及具体的利益计算的地方要严格。因为如果前者严格，会伤害人的感情，造成对抗情绪，从而影响效率；如果后者宽松，会给人感觉公司不够正规，而且员工也会想，公司这种粗放的计算方式是否会因为计算不精确而让自己受到损失少拿了薪水，也会影响效率。戈尔公司的这一做法正好将两方面都兼顾了，因此才会收到好的效果。

作为一个管理者，一定要认清一个事实，制度和人情并不是对立的，不是说讲究人情就不讲究制度了，也不是说为了构建制度性的公司就可以忽视人情。二者是相互作用的，共同组成了公司的文化核心。一个好的管理者必然是能够将制度和人情两者进行平衡，让它们完美结合的。这份结合就是管理者的竞争力，也是一家企业的竞争力。

## 最好的制度
## 是规范化的制度

真正的好制度,就是规范的制度。

其实刚才讲的都是万通可持续发展的根基,另外很重要的一点是,怎样在制度层面让万通获得持久稳定的增长。

有三件事情要做好,第一是要有一个良好的价值观;第二是要完善治理结构,这包括透明度、制约机制、决策程序、投资纪律、团队选拔等;第三是我要以身作则,率先遵守这些制度。

一个创业者如果能把这三件事情做好,即便离开,公司也会发展得很好。所以除了公司战略、经营策略之外,还要有一个好的治理结构来保障公司的稳定与竞争力。

企业的变与不变,实际上就靠制度来应对。变是恒久的,因为市场总在变,环境总在变,不变是制度设计与安排和价值观的养成,这是不能变的。

——冯仑接受《中国房地产报》的采访

**延伸阅读**

冯仑是一个注重制度的人，也是一个会构建制度的人。万通是以江湖式的方式成立的，属于兄弟们共同创业，一般这样的公司往往都会在制度上有很大的问题。这些问题在创业初期进行资本积累的时候还体现得不明显，但一旦小有成就就会显露出来。

之所以会出现这种情况，是因为没有一个透明的、规范的制度去制约。朋友间是有共同的爱好和目标以及愿景的，不过也会有分歧。在最初的时候，大家都为了企业的生存而努力，这时候所有人的目光都在怎么赚钱上，自然没有太多的分歧，只要能搞到钱，能弄到项目就可以了。

可是，一旦企业赢利了，彼此就容易产生分歧了。因为赢利后的企业目标不仅是钱，还有发展，而每个人对自己心中的公司应该发展成什么样子，又往往是不同的。这时候就容易出现各执一词，谁也说服不了谁的情况。

如果是一个制度健全的公司，那么可以用制度来解决这件事情。比如通过投票等方式，大家都说出自己的想法，哪一个获得的支持更多，就按照哪一个说的办。可是要是没有制度约束，就不好办了。谁都觉得自己是有理的那个，是应该被支持的那个，众人的观点也就很难得到统一了。

冯仑正是看到这点，才会选择退出那个项目，也正是因为看到了这点，所以万通在成立之初就成立了类似董事会的组织。

万通是在改革开放初期成立的，那时候很多制度还不健全，《公司法》也还没有正式颁布。这样的情况下，很多企业都是不规范的。但冯仑他们走在了前面，虽然也没有成熟的董事会，却有董事会的雏形。每一项决策的进行，都要大家一起以董事会的形式进行讨论，最终决策。在这个过程中，因为有一个制度在，即使有不同的意见，也不会产生激烈的冲突。这就是规范化的力量。

在冯仑几个人走上创业路的时候，海南一共有8000多个房地产公司，万通是很不起眼的。甚至冯仑觉得，当时他们应该是排在最后10名的。因为他们创业的人数虽然多，但资本十分有限，且都是借来的。

很多年过去了，那8000多个公司里绝大多数都已经不存在了，而当年的吊车尾万通如今却成了国内知名的大公司，万通的几个创始人也都成了著名的企业家。万通之所以有这种成绩，就在于他们有未来的眼光，懂得用规范化的制度来约束自己。

从现在的角度看，冯仑他们当时的做法并没有太多值得敬佩的地方。不过在一个市场刚刚开放的时候，他们这么做称得上是绝对超前了。

一个稳定的企业，一定是内部成员彼此合作默契的企业。这份默契靠所谓人情等是不行的，必须要靠规范化的制度。一个成功的企业家，也一定是一个规范化制度设计的高手。如果企业管理者不能用好的制度管理自己的公司，那么总有被时代落下的一天。

企业管理者是企业的灵魂，是企业的头脑。而规范的制度则是企业的保障，是企业向前发展的动力源。因此，一个企业管理者就必须要有规范化的意识，这是基本能力。

## Business Develop

企业能够快速成长，成长之后能够保持稳定而又持续的发展，依靠的肯定是健全而又规范的制度。在这方面，苏宁有很多值得其他企业借鉴的地方。

在苏宁掌门人张近东看来，一个企业想要发展，制度是最重要的。不过如何构建一个合适而有效的制度，并不那么简单。他觉得，首先要面对的就是两个难题：第一是如何看待制度，将制度放在一个什么样的地位；第二是怎样才能制定出有效的制度，制定制度之后又如何去执行，怎样让它发挥出应有的效力来。

面对这两个问题，张近东交出的答卷很是精彩。关于第一个难题，张近东给出的答案是："制度重于权力，我们苏宁不是人选人，而是制度选人。"这是很高明的管理手段。很多企业管理者都摆不正自己的位置，觉得自己是企业中的老大，自然享有最高的权力，但其实这并不是好做法，最好的方式就是凡事以制度为准则。管理者一定要明白，自己遵从制度并不是说自己的权力受到了制约，而是自己在利用制度为企业谋利益，所有的一切都是为了企业的发展。如果有了这层认识，那么自然也就明白遵从制度的必要性了。这种做法不仅有助于提升团队的凝聚力，利于构建团队精神，更能够避免权力滥用，防止很多灰色行为，对企业的发展绝对是利大于弊的。

确立了制度的重要性之后，就是开始制定和执行具体的制度了。在这方面，苏宁也做得很好。他们规定，在制度的制定过程中一定要充分考虑到政策性和时效性，要多制定一些具体的标准，少一些空泛的概念，要多一些量化的规定，少一些精神层面的定性。这是一种务实的态度，这样制定出的制度看似是冰冷的，每一条都有具体的数量标准，但其实这才是真正的人性化，是需要员工拿出态度和精神的，是对能力和付出的尊重。

制度确立之后，就是执行了，苏宁规定，领导层要做出表率，率先执行制度，更重要的是，要做到制度面前人人平等，不能因为是较高一层的领导就存在"放水"行为。

而且，苏宁并不是采取一次性成形的方式制定制度，而认为制度应该是不断完善的。在执行中觉得那条制度有问题，就马上提出来在第一时间进行修正。这样就保证了制度的生命力，保证了制度永远都是跟公司的发展同步的。

通过这一系列的整改，苏宁完善了自己的制度，也增强了自己的生命力，更激发员工无限的干劲。这些都是保障苏宁高速发展的原动力。而这些，自然源于张近东的思考和管理经验。

一个决策者，成功的标志不是手里有多大的权力，而是有多少人愿意为他做事，更愿意为他好好做事。想要实现这一目标，完全靠个人魅力是不行的，魅力总有用完的一天，靠培养员工的绝对忠诚度也是不靠谱的，有忠诚就必然有反抗和背叛。只有靠规范的、人性化的制度去激励员工，让他们对公司产生一种归属感，自身有一种安全感，公司才真正拥有了长远发展的基础。

## 守住客户
## 就是守住企业

> 做事有3种,第一没事找事,第二把别人的事当自己的事,第三把自己的事不当事,这叫让自己对社会有意义。

我能够走到现在,万通能够走到现在,就是因为能坚持理想,坚持自己的方向。以我为例,我在十几岁的时候就有了志向:让自己的工作、生命对社会有价值。然后这几十年坚持走下来,到现在,我做的每件事都能体现出人生方向。

拿我一天的工作说一下。我早上开了两个会,第一个会是分析现在商品住宅当中的市场问题,讨论公司下一步的营销和商品住宅的战略问题;第二个会是我们控股公司的一个会,和我们最近的一个合约有关,因为我们股东非常多,所以万通的工作涉及50万人的事,我的一个决策跟这50万人都有关系。

中午是去商量商会的事。我原来在西安工作生活过,我成立了陕西在京的商会,跟这些相关人员商量,有张朝阳、冯军等这些在北京的商人,大家一起商量商会的事。

之后我回公司开会,我们纽约中国中心与纽约市、德勤会计公司联合在中国企业宣传推广,希望他们去美国投资,我从那个地方结束了,到优米网来谈这些公众关心的问题,之后晚上要跟新加坡大学的校长讨论一些事。我有一个公益基金在新加坡,还有一个立体城市的研究中心在新加坡,这是一天干的事。

我认为这一天的忙碌,做的这些都是对社会有意义的事,对社会某一部分总是有帮助的。做商会的工作是花时间不赚钱的,但这些事情我认为是比较有价值的,这样的价值其实我们可以概括成一个简单的词,就是做事。做事有3种,第一没事找事,第二把别人的事当自己的事,第三把自己的事不当事,这叫让自己对社会有意义。你反过来,比如说有事推事,把自己的事当别人的事,别人的事不当事,这就叫对社会没有意义。

——摘自《把别人的事当自己的事,把自己的事不当事》

## 延伸阅读

在一个公司中,管理者往往是做事最多的,他们总有开不完的会和看不完的文件。不过,同样是在做事,有些领导者能带领公司快速发展,有些则把自己忙得团团转,可公司一点起色也没有。其中的差别,不在于做了多少具体的事,而在于如何做事。在这方面,冯仑的总结是,把别人的事当成自己的事,把自己的事不当事。

冯仑的这个表述方式是带有牺牲性质的,不过是非常符合商业精神的。人们都清楚,开公司的目的是为了赚钱,可是如何才能赚到钱呢?说到底不过两个字,即服务。如果将自己的客户服务好了,自然就有钱赚了。如果服务不好客户，那么想从他们的口袋里掏出钱来，怕就困难了。作为一个企业家、一个管理者，想要将公司经营好，需要一种服务精神。

这种服务精神不仅是针对客户的，更是针对自己的员工和自己的合作伙伴的。管理者要做的，就是用服务的思维来管理企业。通俗点说，如果管理者本着为员工解决问题的思路去管理公司，那么员工就会有更多的工作热情；如果本着服务的态度去接触合作伙伴，那么他们一定愿意跟你合作更多的项目；如果本着服务的精神去满足客户的需求，那么他们一定会在你身上花更多的钱，让你得到更多的利润。

冯仑就是这么做的。从他开出的一天的日程安排中可以看到，很多的事情，特别是一些比较花费精力的，都是与他自己关系不大的，甚至不能为他的公司直接带来效益的，但他依然认真面对，甚至愿意花费更多的精力。这不是在没事找事，而是一种更高明的经营策略。

就拿商会来说，看似是与他自己的公司无关的，但是能帮他建立人脉，这些都可能成为他的客户，他的合作伙伴。当别人茫茫然不知道该找谁做生意的时候，冯仑已经将可以跟自己做生意的人拉到身边了。而且，通过他对商会的努力，其他企业家也能看到他做事的认真，因此会更愿意跟他合作，他也就能获得更多的合作机会了。这是另一种智慧。

总之，对员工不要一味支使，还要帮他们解决问题。对合作伙伴、对自己的客户更是如此，只有这样，才能让自己拿到更多的订单，赚到更多的钱。

如今是一个开放的时代，人们不仅有生理上的饥、渴、饿等需要，更是有很多精神上的需求。很多人消费不是为了获得某一件具体的产品，而是为了获得一种精神上的享受。在这样的市场环境下，有服务精神，将别人的事尤其是客户和合作伙伴的事当成自己的事，将自己的事不当事，是最有利于企业的经营的。

## Business Develop

提起服务，恐怕很多人第一时间想到的就是海底捞火锅了，他们确实是将服务做到极致的企业。甚至很多人觉得，去海底捞吃的不是味道，而是服务。而海底捞也确实是靠着强大的服务意识迅速崛起的，甚至引起了很多经济学人的关注，还有人专门就海底捞的服务理念写了一本书。

海底捞生意很火爆，常常需要客人排队等候，为了照顾等候区的客人，他们准备了很多小食品，还有一些游戏用具，比如五子棋、跳棋等打发时间的东西。当然，很多店里还有一个专门的书柜，放着一些时下的热点畅销书籍，供等候的客人翻阅。

有一次，一个媒体人跟朋友去海底捞吃饭，正赶上人多，需要排队。期间，他就去书柜看了一眼，发现里面有很多盗版书。于是，这位媒体人就发了一条微博，大意是海底捞的这种服务意识很好，不过如果要都是正版书，那就更好了。

等到这位媒体人吃过饭后跟朋友离开的时候，他又扫了一眼书柜，发现里面已经空了，一本书都没有。他打开微博，看到有海底捞给他的回复。首先是一个致歉，说自己这边由于工作失误，因此用了盗版书籍。然后说，所有的盗版书已经下架，并承诺在最短的时间内将书柜中的书都换成正版的。这位媒体人看了这一切之后惊呆了，他没想到海底捞竟然可以做到这种地步。

这就是一种强大的服务意识了，透过这件事可以发现，海底捞管理层一直在关注社会上对自己的评价，遇到不好的，便会第一时间给出回应和解释。如果对方不满意，而问题确实出在自己身上，则第一时间给予解决。可以说，这种强大的服务意识正是海底捞快速崛起的秘密。

作为一个管理者，就是要让自己的团队形成这样的意识。在自己，要做到将员工的事、客户的事、合作伙伴的事当成自己的事，而把自己的事不当事。传输给员工的则必须是，将客户的事和合作伙伴的事当成自己的事，而把自己的事不当事。如果做到了这些，那么他所领导的团队自然也就能够快速发展了。

服务不是一个口号，是需要真正做出来的。给客户做好服务，需要一个公司的人集体去努力，而想要大家朝着那个方向努力，就需要管理者的引导了。以身作则是必要的，时刻传输服务理念也必不可少。